部下の
ポテンシャルに
疑問を持ったら
読む本

高業績者
が持つ
ダーク・パワー
の秘密

鈴木智之
Tomoyuki Suzuki
須古勝志
Katsushi Suko

日本経済新聞出版

はじめに

職場には反社会的な行動をとる人がいます。

ここで反社会的な行動をとる人とは、周囲との協調を拒み、誰に対しても文句があって悪口ばかりを言い、揉め事を起こしたがる人のことを指しています。また、仕事の遂行や顧客の笑顔よりも、自分勝手な都合を優先し、仕事を途中で放棄し、後始末に皆が困る、という人も含まれます。

恩を仇で返す人。自分が特別扱いされないと不機嫌になる人。嘘をついて問題を隠蔽する人。自分の出世のために周りを蹴落とすことに躍起になっている人。部下の気持ちを考えず、限界まで追い込む上司……。枚挙にいとまがありません。

反社会的行動とは、これらの例のように、社会で望ましいとされる行動とは逆方向の行動を指します。

私は、経営場面における人間行動に関する博士学位を有する研究者です。人材の採用選抜と育成を専門にして、大学院で研究・教育活動を行っています。学術研究と経営実践を融合するという立ち位置をとり、現に生じている企業の問題解決に資する研究活動を行っています。

研究のこれまでの長い歴史から考えると、職場にいる反社会的な行動をとる人でも、向社会的な行動、つまり組織のためになる行動をとることもあり、ときには、そのような人が高業績をあげてリーダーとして組織のトップになったりもします。リーダーの「清濁」とも言える、この職場の妙。これをどのように理解すればよいのかわからなかった人も多いはずです。

本書は、そのようなビジネス場面における人間のネガティブとポジティブ両面での深みを、先端的な学術研究と実際の日本企業の事例をもとに解説します。本書が解説するのは「ダーク・トライアド」という世界的な理論です。

ビジネス場面に特化して、ダーク・トライアドの向社会的な面について、科学研究と経営実践の両方の視点で解説した書籍は、わが国ではおそらく本書が初めてのものになると思います。

■世界的理論のダーク・トライアドとは何か

反社会的な行動をとる人は「ダーク・トライアド」という、世界的な注目を集めている性格特性[1]によって、その原因をある程度説明できることが今世紀に入ってからわかってきました。ダーク・トライアドとは、3つの性格特性を指すものです。3つの性格特性が高い人をごく簡単に説明します。

嘘をついてでも自分の勢力・権力を拡大しようとする人。

自己愛傾向が強く、自分は他人とは違う特別な存在だと信じる人。

感情的反応が少なく、自分の欲求充足にしか興味がなくて衝動的な人。

それぞれ順にマキャベリアン、ナルシシスト、サイコパスと、性格特性に関する研究では呼称される人々です。性格特性として、順にマキャベリアニズム、ナルシシズム、サイコパシー傾向と呼称されます。

なお、ナルシシストとサイコパスについては、パーソナリティ障害と区別するため、自己愛傾向が高い人、サイコパシー傾向が高い人と呼称されることもあります。

これらの人々は、反社会的な人々の代表例としてこれまで主に扱われてきました。実際にダーク・トライアドの「ダーク」部分の和訳として、「悪の」などがあてられた文献も存在します。この理解は、その当時のものとしては特段問題ではなかったと思います。

■「ダーク・パワー」の持つ意外な側面

しかし、近年になってからの欧米における先端的研究は、そう事は単純ではないという、人間の深みを解き明かし始めています。

ビジネス場面において、マキャベリアニズムの高い人は、たしかに、嘘をついて、データを捏造することを厭わずに、自分の業績をアピールするという反社会的な面を持ちます。

しかし、自分の影響範囲の拡大に極めて高い動機を有するという面があり、きっかけがあればそれが反社会的ではなく、向社会的に働くことがあって、マキャベリアニズムの高い人ほど、職場でリーダーに就きやすいという実証研究もあるほどです。

ナルシシズムの高い人は、たしかに、自分だけが特別だという意識が強く、周囲からの助言を遮断して暴走するという反社会的な面を持ちます。

しかし、自分に極めて高い達成目標を課して、それに向けて突き進むという面もあり、きっかけがあれば望ましい行動が発現されることもあります。実際に、ナルシシズムの高い人ほど、職場で高い給与を得られるという実証研究もあります。

サイコパシー傾向の高い人は、たしかに、他者の感情に疎く、自分の欲求充足のために衝動的に行動するという反社会的な面を持ちます。

しかし、感情に左右されずに、合理性が強く求められるような仕事ではサイコパシー傾向の持つ冷静さがうまく働くことがあり、サイコパシー傾向の高い人の存在比率は経営層ほど高いというデータもあります。

つまり、反社会性を生む強烈なパワーが何かのきっかけによって向社会性へのパワーになることもあるということです。本書はこれをわかりやすく「ダーク・パワー」と呼んでいます。「ダーク」という言葉が悪いものを一律に指すものではないことに留意してください。元々、ダーク・ヒーローなどの言葉もあります。辞書を見ても、ダークにはネガティブな意味だけがあるわけではありません。

私が分析した例でも、当初用いた比較的小規模のサンプルデータでは、ダーク・トライアドの一部の特性が若者の望ましくない早期退職に影響していることが示されましたが、その後、さまざまな属性を対象にしてサンプルが大規模で多様になるにつれて、ダーク・トライアドの高い人全員が必ずしも望ましくない早期退職をしていたわけではなく、いくつかの条件の下では、組織内で向社会的行動を示すこともわかってきました。

完璧な人間などいません。人間には誰しもネガティブな面があります。大事なのはその活かし方です。世界の最新研究は、ビジネス場面でのこういった人間の深みを解き明かし始めているのです。日本ではまだまだこの知見が普及しておらず、社会的な損失だと思います。

■「悪い子はいないか」型の日本社会

日本の社会は「こういう人は悪い」という、浅い決めつけをしたがる傾向にあるように思います。何か直感的に気に入らないことがあると、絶対悪として叩く傾向です。

例えば、常にネット上で問題を探し回っている人たちがいます。匿名という覆面をかぶって、攻撃対象を見つけ、浅はかな知識で叩き回る人たちです。こういう人たちは、例えば、職場におけるサイコパシー傾向という言葉に対して、研究文献を読む手間をとらず、そのときの思いつきで「殺人犯みたいに社員を呼ぶことは危険だ」と書き込みます。

しかし、職場を対象にした学術研究では、サイコパシー傾向の高い人は、反社会的な面ばかりではなく、職場で向社会的な面があることも多数報告されています。「殺人犯みたいに社員を呼ぶことは危険だ」というのは、映画や漫画の見過ぎと、確かな知見を習得して物事を多角的に判断する手間を省いた、安易過ぎる発想によるものです。

そういった浅はかなイメージ論から脱することが、個々人が持つポテンシャルが十分に発揮される職場作りと社会形成に必要です。ポテンシャルがあっても、とにかくイメージだけで人間の善し悪しを論じたい人が多い環境では、人間の深みが理解されず、いきいきと働くことはできません。

■色眼鏡で視界がぼやける日本企業

ネットの世界だけではなく、日本企業もやや似たようなところがあります。例えば、企業の採用管理で重視される特性に「ストレス耐性」があります。ストレス耐性が低い人は、いろいろな刺激に敏感で、仕事のストレスに耐えられず、心が落ち込みやすいため、採用を見送るという会社が少なくありません。

しかし、今世紀に入ってから大きく進んだ、人間の敏感さに関する世界的研究は、その単純過ぎる決めつけに警鐘を鳴らしています。ストレス耐性が低い＝悪い、と考えるのは誤っている、ということです。

ストレスを感じやすい敏感な人のなかには、たしかに、仕事のストレスを過剰に感じる人もいますが、持ち前の敏感さを活かして、顧客やメンバーの心の変化を敏感に察知し、機微に触れることができて、販売活動や人間関係構築、部下育成に活かす人がいます。

こういった人たちは、人一倍敏感だけれども、職場でストレスを過剰に感じるわけではなく、むしろ仕事を通して自己効力感を持ちやすい人であることが、ビジネス場面におけるＨＳＰ(Highly Sensitive Person)に関する近年の研究によって実証的に示され始めています。

表面しか見えない、偏見のレンズを付けた色眼鏡をかけていては、社員の実態はいつまでたっても見えません。日本企業は、いったい、いつまで社員の人材活用や早期離職に悩み続けるのでしょうか。今のような「ダメな人はダメ」という決めつけモードでは、永遠に悩み続けることになるでしょう。

■性格は変えにくいが、行動と未来は変えられる

本書は、学術研究と企業実例に基づいて、一見、ビジネス場面で問題を抱える人であっても、むしろ、それだからこそ活躍できる可能性を示します。もちろん、問題は直視する必要がありますが、その裏側まで見極めるための知識を本書は示します。

「こういう人は良い・悪い」という単純な議論を超えて、人間がこれまでの知的活動の歴史を通して獲得してきた多面的な人間像に基づいて、個人が持つポテンシャルが花開くための道程を示します。

ダーク・トライアドを含む人間の性格特性は、大人になってから、絶対に変えられないわけではないのですが、そうたやすく変えられるものでもありません。

しかし、だからといって、行動の全てがそれによって自動的に導かれて、未来の全てが暗い方向に決定されるわけではありません。

特に、経験を積み、日々学習を続けている社会人であればなおさら、性格特性だけをもとにして行動しているわけではありません。人間の性格特性と行動発現に関する知識があり、心構えが備わっていれば、同じ性格特性の人であっても違う未来が待っています。

性格は簡単には変えられないけれども、行動と未来は変えられるのです。

▪日本企業のタレントマネジメントに必要なダーク・パワー

ダーク・トライアドについて、海外文献の日本語への翻訳や日本国内での研究展開を進めているのは主に心理学領域の研究者たちです。ダーク・トライアドの世界的知見に日本語で触れる貴重な機会を作ってくれています。

一方で、海外におけるダーク・トライアド研究に比して、わが国では経営組織における向社会的行動への言及が少ないようです。海外研究では、例えば経営組織におけるリーダーシップの発揮とダーク・トライアドの関係が積極的に論じられていますが、わが国ではそのような向きがやや弱いという課題があります。

ビジネス場面でのリーダーシップというテーマについては、経営学研究で歴史的に膨大な知見が蓄積されてきました。日本では、学問分野間の接続の難しさから、ダーク・トライアドとリーダーシップの関係の持つ意味合いが、経営学で蓄積されたリーダーシップ論の系譜から考察されることはあまりありません。

それがわが国の経営組織で働く人にとって、ダーク・トライアドが遠い存在となり、その良さが普及していない一因になっています。リーダーシップ論をはじめとする経営学研究とそれに含まれる組織行動（Organizational Behavior）論研究がこれまで提示してきた歴史的な知見とダーク・トライアドは、どのように関わるのでしょうか。

この点は、わが国の経営領域の研究者だけではなく、ビジネスの実務家にとっても大きな意味を持ちます。ビジネスにおけるタレントマネジメントに深く関わるからです。本書は、経営実践の立ち位置からこの点に取り組みます。

自分と他者が持つダークな一面をどう活かせば自分と他者、さらにチームがビジネスでもっと輝けるのかを学びとっていただけたら幸いです。

■部下のポテンシャルに疑問を持ったら

ポテンシャルについて最も疑問を持つ対象は多くの場合、職場の部下でしょう。

部下に自らのポテンシャルを発揮していきいきと働いてほしいというのは全ての上司が持つ願いですが、実際には「あの子は駄目だ」などと部下への評価を決めつけてしまっていることも少なくありません。自分が部下の立場だったときに、このような決めつけ的な低評価を上司から受け、職場で辛い日々を過ごしたことがある人もきっといるでしょう。

経営組織には目立って優れたリーダーがいます。多くの部下を抱えて、チームの高業績を創出できる人です。このリーダー自身がとても優秀ですから、部下の抱える問題には人一倍気が付きます。例えば、顧客対応の場面で部下がとった行動について駄目なポイントをあげようと思えばいくらでもあげられるのです。

しかし、優秀なリーダーほど、不思議とも言えるような度量の大きさを持っています。部下に問題をあれやこれやと指摘して部下が萎縮してしまうことを避け、問題はあってもいいから、それを超える部下の良さが発揮されて、他の人とは違う、その部下らしいユニークな活躍ができるような雰囲気を作っています。

自分の勝ち方しか知らない上司は、そこから外れた部下を駄目な部下だと決めつけてしまうのに対して、優れた上司はそのような決めつけ論から脱して、一見、問題がありそうな部下であってもうまく活かして成果に繋げる、というところに底の深さが垣間見えます。

そのような優れた上司の目に、部下のポテンシャルはどのように見えているのでしょうか。

本書は、それをダーク・パワーから明らかにします。

鈴木 智之

2024年6月

目次

第2章　ダーク・パワーの基礎知識　43

第2部 実践編 須古勝志

第7章　日本の職場で働く人の実態 ―― 188

第8章 これからの選抜における実践的視点 219

第1部

理論編

鈴木智之

Tomoyuki Suzuki

第1章
高業績と不祥事の分かれ道

本書は、高業績者の秘密をダーク・パワーから解明するものです。ダーク・パワーを考えるとき、人間の持つ可能性について単に無垢でポジティブな幻想を持つのではなく、そもそも、高業績者がどのようなメカニズムによって活躍という状態を生み出しているのか、そして、組織とどのように関わっているのかをはっきりさせ、そのなかにダーク・パワーを定位することが必要です。

そのような丁寧な検討を行うことによって、ダーク・パワーが単発的な読み物にとどまらず、ビジネス実践における具体的なヒントとなります。ダーク・トライアドは高業績だけではなく、企業不祥事にもつながり得るもので、そのビジネス現場での取り扱いには緻密な整理が求められます。

最初からダーク・パワーやダーク・トライアドの解説を読みたいと焦る読者の気持ちはお察ししますが、単発的・表面的な理解で対処できるほど、人間の心の深奥にあるダークな面は簡単ではありません。

本章では、ダーク・パワーの意義を深く理解するために、前提として、高業績者の活躍のメカニズムと組織との関わりを解説します。

1 ビジネスで高業績を生む人の活躍メカニズム

■活躍する人は地頭が良いが、地頭は遺伝により多くが決まってしまっている

仕事のできる人には頭の良い人が多く、誰しも「自分もああなりたいな」と感じたことがあると思います。

新たな問題や難しい経営課題に皆が困っているなかで、鋭い解決策を即座にスマートに言えるような、いわゆる「地頭」の良い人がビジネスで活躍します。

実務的に地頭と表現される、この頭の良さは、概ね「一般知的能力」という学術的な概念を指しています。個別の問題や課題を解くには、個別分野の頭の良さが必要とされますが、どんな種類の問題・課題であっても常に鋭い意見を言えるような人は、それらの問題・課題に共通した頭の良さが背後で大きく働いている、という世界的な理論（知能の2因子説）があり、その中核を支えるのが一般知的能力です。

20世紀初頭からの、およそ100年以上の非常に長い研究の歴史を通して、一般知的能力は、仕事での活躍と強い関係性を持つというのが組織心理学研究の着地点です。

その関係性は強大です。入社前の一般知的能力の筆記試験成績と入社後の仕事のパフォーマンスの関係性は、他のより時間と手間を相当かけた手法とほぼ変わらないのです。

例えば、インターンシップのように、職場で実際に少し働いてみたときの働きぶりを、入社後の仕事のパフォーマンスの予測に用いる場合を考えます。インターンシップの実施には、多くの時間と手間が企業側にかかり、学生側も多くの時間的拘束を強いられます。これだけ多くの時間と手間をかけても、その仕事のパフォーマンスの予測力は、一般知的能力の筆記試験とほぼ変わらないことが20世紀末の大規模研究によって確かめられました。[2]

また、あらかじめ質問項目などを緻密に設計した面接による予測力ともほぼ変わらないことが同じ研究でわかりました。つまり、実際に働いてみたり、会って話したりすることが仕事の活躍を高い精度で予測するのは当然と言えますが、インターンシップで働いてみたり、面と向かって会ったりしなくても、一般知的能力の筆記試験をすることで同じくらいの精度で仕事の活躍を予測できることが確かめられたのです。

これだけパワフルな一般知的能力をもし今から高められるのであれば、憧れの高業績者に誰でもなれそうですが、それは可能なのでしょうか。

残念ながら、これまでの知能研究は悲観的な見方を提供します。行動遺伝学によれば、一般知的能力のおよそ8割は遺伝によって決まっているということです。[3]

8割も遺伝で決まっているとは驚きですが、確かに、地頭の良い人は、最初から他の人とは何か違う、というような印象を与えます。仕事の経験がほぼなく、スキルには差がないはずの若手の時期ですら、持っているものが違う、と言われるような人は、やはりいます。

高業績を生んで活躍したい、というのはビジネスに関わる多くの人が持つ願いですが、地頭を良くすることでそれを実現するのは簡単ではなさそうです。

■活躍するには性格も大事

地頭が飛び抜けて良いわけではなくても、職場で周囲から好かれて、頼りにされる人がいます。また、真面目に仕事に取り組んで、きめ細かな対応で顧客から信頼される人がいます。人柄が良く、人となりに信頼が置ける人です。

地頭を良くすることによって、憧れの高業績者になるのが難しいのだとしたら、人柄・人となりの面から、それを実現することはできないのでしょうか。

地頭とは異なる、このような人柄や人となりは、これまでの心理学研究の歴史において主に「性格」[4]と呼ばれ、昨今の学術研究では「パーソナリティ」と表現されることが一般的になってきました。頭の良さとしての知的能力、そして人柄や人となりとしてのパーソナリティは、人間が内的に保有するリソースの2大概念と言ってよいでしょう。

仕事の活躍を予測するうえでは性格も重要な役割を果たすことが、長い組織心理学研究の歴史を通してわかっています。

人間が有する多くの性格のうち、特に「勤勉性・誠実性」が仕事の活躍と強い関係性を有することが、20世紀になされた数多くの研究によって確かめられています。また、人物としての高潔さを指す「インテグリティ」も、仕事の活躍と強く関係することがわかっています。活躍というプラスの面だけではなく、職場での問題行動というマイナスの面の予測にも、性格は威力を発揮します。

今世紀になってから、ＣＷＢ（Counter-productive Work Behavior：非生産的職務行動）という、非生産的な面に着目して、ＣＷＢと性格の強い関係性が注目されるようになりました。例えば、性格のうち、「協調性」の低い人が、職場における事故・怪我の発生に深く関与していることが、これまでの実証研究によって明らかにされています。[5]

■社会人の性格を今から変えられるか

では、性格を今からビジネスという状況に望ましい方向へと変えることはできるのでしょうか。例えば、勤勉性・誠実性やインテグリティを高めて仕事で高業績をあげて活躍し、協調性を高めて問題行動を起こさないようにすることはできるのでしょうか。勤勉性・誠実性やインテグリティの低い不真面目な社員や、協調性の低い、職場で浮いているような社員の性格を、上司による指導や研修によって変えられるのかということです。

一般的能力ほどではありませんが、性格もある程度は遺伝で決定されるという研究報告がこれまでになされています。[6] 研究によって多少の違いはありますが、およそ30〜50%程度が遺伝による性格の決定率ということです。

そして、性格は年々安定していくことを示す研究例も豊富です。5万人以上を対象にして、1930年代から1990年代までの150個を超える個別研究をまとめた大規模研究では、3歳未満までは性格の安定性が比較的低いのに対して、成人前後から性格の安定性が概ね増していくことが示されました。[7]

人間の環境適応への戦略として、自分の性格がより活かせる環境を進んで選択する傾向（これを社会的投入と言います）があり、性格の安定性を年々高めるひとつの要因になっています。

性格の内容にもよりますが、概ね、社会人の年代になると、性格を変えるのは不可能ではありませんが、たやすいことではありません。よって、性格を変えることで、高業績者になって活躍しよう、または、仕事ができない部下について性格を変えることで仕事ができるように変身させよう、としても簡単ではない、ということです。

■性格すなわち行動、という大きな勘違い

性格を変えることがあまり現実的ではないとすると、性格面での問題はもう仕方がないと諦

めるしかないのでしょうか。

19世紀ごろから続く長い研究の歴史のなかで、性格研究が解き明かしてきた大きな知見は、人間の性格には多面性があること、そして、状況次第で性格が発現されたりされなかったりすることです。

人間の性格には、勤勉性・誠実性やインテグリティ以外の性格特性も複数あり、それらはある程度独立した特徴を有しています。

例えば、勤勉性・誠実性の低い、不真面目な人であっても、外向性という別の性格特性が高い人がいます。外向性の高い人とは、簡単に言えば明るい人です。授業はさぼりがちな不真面目でだらしない面はあるけれども、友達と明るく付き合えるような学生で、大学ではよく見かけます。

協調性の低い、集団行動が苦手な人であっても、知的好奇心という別の性格特性は高い人がいます。職人気質で、1人または少人数で完結するような専門的な仕事を好む人です。

そして、これらの多様な性格特性は、全ての状況で行動として発現されるわけではないこともわかっています。

1960年代からなされた世界的な大論争を経て、性格特性は特定の「状況」をきっかけにして活性化されたり、その逆に抑制されたりする性質があり、特性活性化理論として広く知られるようになりました。

特定の状況のきっかけは「シチュエーショナル・キュー（Situational Cue）」と特性活性化理論では呼ばれます。この理論は、心理学だけではなく、経営学でも研究が盛んに進められています。

平均的に見れば、特定の性格特性が高い人は、その性格特性に則った行動をとる傾向が強いのですが、性格は、全ての状況で等しく、常に行動として発揮されるわけではないということです。これは、今日の世界的な共通理解のひとつと言ってよいでしょう。

■性格を知ることが高業績と活躍の条件である

状況は、ビジネスで高業績を生むことと強く関係します。

例えば、多くの人との調整や根回しが必要とされるようなビジネス状況では、職人気質で協調性が低く、知的好奇心の高い人の特性は活かされません。そのような状況では、元々の強みだった知的好奇心の高さも影を潜めてしまいます。その人は自分の個性を発揮できず、苦しく悶々とした日々を過ごすことになります。高業績や活躍とは全く逆の方向にいってしまうのです。

組織における高業績創出の要諦は、個人の性格特性と状況の適合にあります。自分の性格特性が最も活性化される状況（仕事、チーム、会社）とマッチするかどうかが、高業績を創出できるか否かの大きな分かれ目になります。

マネジャーや経営層の仕事は、各社員それぞれの個性が抑制されず、ふんだんに活性化されるようなジョブやチームに社員をいかに配置するかにあります。

ただし、人材配置だけに頼るのは現実的な制約から望ましくありません。仕事やチームは無限に存在するわけではないため、個人の性格特性と状況の適合が常に完全になされるわけではありません。

そのため、組織における人材活用の要諦は、各社員それぞれの性格特性に応じた、行動への気づきを与えることになります。各社員について、それぞれの性格特性における強みと弱みを知ったうえで、「与えられた状況」で望ましい行動を発揮しようとするための「心構え」を社員に醸成することも、マネジャーや経営層の大きな仕事です。

性格特性を変えなくても、業務経験から学び、心構えを整えることによって、仕事への向き合い方は変わります。働く本人が自分の性格特性と職場での強みや弱みを知り、業務経験からの学びを心構えとして高めていこうとするとき、地頭や性格が変わらなくても、高業績と活躍に日々近づいていくのです。

そして昨今、日本企業でも普及している「タレントマネジメント」には本来、社員個々人の性格への理解が必要なのですが、これが忘れ去られているようなケースが少なくありません。

■仕事に心のスイッチが入る人と入らない人がいる

例えば、「社会人になったら仕事は最低限にしてプライベートを楽しもう」と考える学生がいます。入社した後、そのとおりに働く人もいますが、仕事に懸命に取り組む先輩の姿や顧客との出会いがきっかけとなって、いずれ仕事に熱意と活力を持って没頭するようになる人もいます。

この違いは、出会いによるものが大きく、先輩や顧客に刺激されて仕事に心が向いたことによるものです。もちろん、仕事には心が向かず、仕事は最低限にしてプライベートを楽しもうとする働き方も否定される理由はありません。人それぞれに仕事への向き合い方があります。

重要なのは、同じような知的能力や性格の持ち主であっても、仕事に同じように向き合うとは限らないということです。

先輩や顧客との出会いなどの、自分が有する能力や性格とは別の世界で、すなわち外的な状況との遭遇によって、仕事への向き合い方を考え、仕事の世界に入っていく人もいれば、状況との巡り合わせが悪く、仕事から少し身を引いてキャリアを長年過ごす人もいます。

新卒採用試験で高い成績を示し、入社後の活躍が大いに期待されていた学生が、入社後に早期退職をしてしまったり、問題行動を起こしてしまったりすることがしばしば起こります。

新卒採用試験の適性検査や面接では、知的能力と性格の2大概念を評価対象に設けることが一般的です。採用試験で高い成績を示した学生は、地頭と性格の面で高い評価を受けた人です。

その逆に、採用試験ではぎりぎりの成績で内定を得たような、地頭と性格が低く評価された学生であっても、入社後に大活躍することがあります。

地頭と性格は、既に述べたとおり、容易には変わりません。それらは入社の前後でほぼ安定していますから、2大概念以外の要因が入社後に働いたということです。

すなわち、入社後の状況的なきっかけがうまくかみ合って、仕事に心が向いていったのかどうかが、高業績を生むか否かの分かれ道になります。どれだけ知的能力や性格が求める人物像として備わっていても、仕事への心のスイッチがオフになったままでは、個の持つ可能性が仕事場で最大限に発揮されることはありません。

■エピジェネティクスと行動発現のメカニズムを知る

人間の内面と行動発現の関係性について、もっと掘り下げて考えましょう。

エピジェネティクス研究によれば、知的能力と性格が遺伝的に備わっていても、それが行動として発現されるかどうかは別の話です。エピジェネティクスとは、DNAの塩基配列の違いによらない遺伝子発現の多様性を生み出す仕組みおよびその学術分野を指します。

ノーベル経済学賞を受賞したジェームズ・J・ヘックマン教授によれば、例えば、反社会的行動や犯罪率の高さと関連するモノアミンオキシダーゼA遺伝子のような、一個の遺伝子の欠落が、悪い方向の行動として実際に発現されるには、虐待という環境がその引き金を引くことが必要だということです。環境が遺伝子の発現に影響をもたらすこと、すなわち、遺伝子が発現するには環境がきっかけになることを同教授は述べています。[8]

つまり、遺伝によって、知的能力や性格に関わるDNAの塩基配列が決定されていても、それが仕事で実際に行動として発現されるには、ただ待つのではなく、何らかの引き金が引かれることが必要だということです。

遺伝的に知的能力や性格が職場での望ましい方向に備わっていたとしても、行動としての発現を促すようなきっかけがなければ高業績者にはなれません。逆に、遺伝的に知的能力や性格に問題があっても、良いきっかけがあれば高業績者になり得ます。

きっかけの与え方を組織が誤り、個人の心のスイッチが間違った方向に入ってしまうと、部下や顧客をぞんざいに扱っても問題がない、きちんと仕事をするよりさぼるほうがよいなどの、良くない心構えが生まれます。それが組織に蔓延すると、職場でのハラスメントや品質不正などの企業不祥事が組織を支配するようになります。

2 風土・体質が個人を蝕むと企業不祥事が生まれる

■急増するオン・ボーディング

先進企業は、この心構えの重要性に気づき始めています。

先進企業は、キャリアを前向きに築きたいと思う学生や社会人に人気がありますので、知的能力水準が高く、性格面で求める人物像に合致する求職者が多く集まります。このような、黙っていても仕事で活躍しそうな人々に対しても、それぞれの個性が発揮されるようなきっかけとなる環境を与え、個々人に働きかけて、仕事へ前向きに取り組む心構えを組織側が作るような潮流があります。

この取り組みは「オン・ボーディング」と呼ばれます。オン・ボーディングとは、元々、船や飛行機に乗り込むことを指す語でしたが、近年、経営学領域を中心に、新たな仕事に取り組む場面に転用されるようになりました。

個人主義が強いと言われる米国企業ですら、組織に新たに加わったメンバーが、そのポテンシャルを十分に発揮できるように、きっかけ作りに積極的に組織が関与して、心理的な支援を行うようになってきています。例えば「優秀な人だったら、自ら組織に馴染もうとして勝手に動くはずだ」と考えるような放任主義の組織では、個々人の持つポテンシャルが十分に発揮されないことが研究によって報告されており、[9] 米国企業における実践に示唆を与えています。

日本企業でも、例えば、従業員数1000名を超える、フリマアプリを展開する株式会社メルカリは、オン・ボーディングに非常に力を入れています。同社は、「組織を成長させるうえで、採用した人に活躍してもらうことはとても大切なゴールです。特に、新しく入社するメンバーは、ゼロから人間関係を構築したり、組織のカルチャーや自分の仕事を理解するなど、入社初期にさまざまなハードルを乗り越えなければなりません。こうしたハードルを最小限にして、なるべく早期に成果をあげられるよう組織としてサポートする仕組みが〝オン・ボーディング〟です」というポリシーを社内外に広く公開しています。[10] 高業績を生むには、組織からのきっかけの提供が必要だと強く考えている例です。

新たに入社したメンバー以外の社員に対しても、新たにプロジェクトが編成されたり、部署異動がなされたり、担当業務が変更されたりした各種のタイミングでオン・ボーディングの取り組みを行う企業が国内外で急増しています。

新たな仕事への前向きな心構えを形成するためのきっかけを組織が与えることで、その当人がいきいきとして、高業績を創出して活躍するのです。

■増える企業不祥事

しかし、有名大手企業であっても、そのような組織的な活動をしないばかりか、逆に、仕事への間違った心構えが組織内に蔓延してしまう例が多く見られるようになってきました。企業の不祥事に関するニュースを目にすることが最近増えてきた一因にもなっています。

近年の大きなニュースには、大手電機メーカーの例があります。同社は、発電所の設備や自動車の部品など、幅広い製品で長年、品質不正を働いていました。なかには40年ほど前から続いていた不正もあり、[11] 日本の製造業の品質神話を崩すのに十分な衝撃を社会に与えました。

同社の品質不正件数は、2022年の調査委員会による最終報告では、累計で197件にものぼり、そのうち意図的すなわち、わざと不正を犯した件数は112件であると報告されました。

例えば、電気設備について定められた品質検査を実施していないにもかかわらず、検査をしたという虚偽の記載をし、さらに検査結果が良だったと顧客に報告していました。列車の装置について、顧客仕様と異なる条件で試験を行っておきながら、顧客仕様どおりに試験を実施したと虚偽の記載をして、検査成績書を提出していたことも判明しました。[12]

また、大手自動車メーカーは、車両用ディーゼルエンジンの劣化耐久試験に関する不正行為などを行い、国に虚偽の報告を行っていたことが2022年に判明しました。この不正は20年以上にわたって意図的に続けられていました。[13・14] エンジンという極めて重要な機械にまで大手日本企業の不正は及んでいたのです。

大手中古車販売・買取チェーンは、顧客から預かった自動車のヘッドライトカバーを割り、ドライバーで車体を引っ掻き、ゴルフボールを靴下に入れて、振り回して車体を叩いて損傷させるなどの行為を故意に繰り返していたことが、2023年に判明し、[15] 世間を大いに騒がせました。

■企業不祥事の原因のお決まりは「風土と体質」

企業不祥事の調査報告書で、お決まりの言葉があります。「風土と体質」です。

先ほどあげた大手電機メーカーの調査報告書では「拠点単位の内向きな組織風土」、大手自動車メーカーの調査報告書では「上意下達の気風が強過ぎる組織、パワーハラスメント体質」[16]、大手中古車販売・買取チェーンの調査報告書では「経営陣に盲従し、忖度する歪な企業風土」が言及されました。

これらのケース以外にも企業不祥事の原因として、風土と体質があげられることが多く見られ、ニュースでよく耳にすることと思います。

大手電機メーカーや大手自動車メーカーのような業界大手の有力企業には知的能力が高い人が集まるはずです。性格面での適合についても、数度にわたる採用面接などによって繰り返しチェックされたことでしょう。

しかし、入社した後、内向きで、不正を良しとするような組織環境が付与されることによって個人が蝕まれ、ネガティブな方向に個人の特性が活性化されて、望ましくない仕事への心構えが醸成された結果、企業不祥事が生まれたのです。

経営層に盲従すればよいと考えるような心構えで皆が動けば、不正を誰も止めることができません。相手を尊重しない態度を仕事でとってもよいという人が集まれば、大手企業のように優秀な人が集まる組織であっても、パワハラ的な組織の風土と体質が生まれます。

組織は個人の集合です。組織の問題をミクロに細かく見ていけば、個人の特性と心構えの問題に帰結することが多くあります。

■心に蓋をする組織

そういった実例を見ると、頭が良く、性格が適合する人を集めるだけでは組織はうまく回らないのではないか、という疑問が湧いてきます。

頭の良い人であっても、組織や同僚への批判や悪口、不平や不満ばかりを言っている人がいます。また、2人で話せば性格的に朗らかで柔和な人でも、組織での仕事となるとその性格を封印して、殻に閉じこもってバリアを張る人がいます。

何かのきっかけでスイッチが入れば、ポテンシャルが行動として発現されて、その人にとっても、組織にとっても良い結果が生まれるのに、もったいないという人たちは社会に多く存在します。

一生懸命勉強して、良い大学を出て、有名企業に就職したのに、毎日自分を押し殺して働いている、こんなはずではなかったと思っている人は少なくありません。その背景には、本当は自分はもっと輝けるのに、というポテンシャルへの自信と、それがうまく職場で行動として発現されていないことへの悔しさの両方が見え隠れします。

そういった人には、組織がきっかけを与えさえすればいいという、単純な話ではありません。

個人の心構えが不安定なままでは、いくら組織がきっかけを与えても大事なところで逃げ腰になって、周りの迷惑も考えず、仕事を途中で投げ出してしまいます。誰かがやってくれるだろうという無責任な行動をとってしまいます。

自分にミスがあって上司や顧客からそれを指摘されても、それを受け止める心の体制ができていないため、拗ねてしまう人もいます。このような例を職場で見たことがある人は多いのではないでしょうか。

その逆に、組織がきっかけを少し与えれば、大きく飛躍していく人もいます。

地頭や性格の面ではそれほど目立ったところがなくても、あるきっかけから、前向きでポジティブなエネルギーを職場に振りまける人がいます。こういう人は、あるチームや組織、特定の会社に多く固まって存在します。オフィスを訪れただけで、「ここの社員はなにか違うな」と感じる会社は実際にあるものです。

3 本章のまとめ

本章では、高業績者の活躍のメカニズムと組織との関わりについて解説しました。

高業績を生むための人間の2大側面は知的能力と性格です。これらは変えられないわけではありませんが、容易には変えにくい部分が少なくありません。

　では、知的能力と性格のみによって、個人の業績と組織との関わりが決定されてしまうのか、というとそうではありません。

　どれだけ知的能力や性格が求める人物像の水準で備わっていても、仕事への心のスイッチがオフになったままで、心構えが整っていなければ、個の持つポテンシャルが仕事場で最大限に発揮されることはありません。

　仕事への心のスイッチがオンになっても、組織と個人が誤った方向にオンにしてしまう場合もあります。経営層に盲従すればよい、顧客は軽視しても問題がないなどの方向にドライブがかかってしまうことがあるのです。個人のダークな心理的特性がポジティブではなく、ネガティィブな方向に発動してしまった結果、ハラスメントや不祥事などの望ましくない組織行動が蔓延します。

　以上を踏まえ、職場で個々人が高業績を生み、活躍するために必要な心構えとは何なのか、そしてダーク・トライアドがその心構えによっていかにパワーになるのかを次章で解説します。

第2章 ダーク・パワーの基礎知識

本章では、ダーク・パワーが発揮されるために必要不可欠な心構え、すなわちワーク・レディネスを解説します。

1 心構えの心理学

■エンゲージメントの限界

職場における心構えとは具体的に何を指すのでしょうか。これは、ダーク・パワーが発揮されるための条件として非常に重要なポイントです。

これまで経営学や組織心理学では「モチベーション」や「動機付け」によって心構えが論じられることが多かったと思います。モチベーションや動機付けの研究と企業実務での活用の歴史は非常に古いため、経営学などに詳しくない人でも、モチベーションという言葉には馴染みがあることでしょう。

モチベーションや動機付けの研究は、個人がやる気を出すための要因としての人間関係、仕事内容などを明らかにすることを主眼にしています。そのため、品質不正などの反社会的な場面には、完全に当てはまるものではありませんでした。

また、これまでの研究の歴史では「ロイヤリティ」によって心構えが論じられることもありました。ロイヤリティとは企業・組織に対する従業員の忠誠心を意味するものです。

ロイヤリティは、企業組織と従業員の間に主従関係・上下関係を想定するため、従業員側からの主体的で自律的な行動発現については説明できません。企業組織に忠誠を尽くすという受動的な姿勢が、ともすれば、組織に蔓延する良くない風土や体質の盲従につながる危険性もあります。

それらに対して、近年の経営学や組織心理学においては、組織と個人の新たな関係性としての「エンゲージメント」に注目が集まっています。エンゲージメントとは、組織と個人が相互に関与して、ともに成長することに貢献する関係性を指します。

エンゲージメントは、ロイヤリティのように主従関係・上下関係を想定するものではなく、また、従業員満足度調査のように、会社が実施者となり、従業員が受益者となる関係性でもありません。風土や体質は組織と個人が相互に作っていくものだという考え方に特徴があります。

ただし、大手中古車販売・買取チェーンのように、経営層の独断により、明確な処分理由を告げないままの降格処分が頻繁になされ、基本給の大幅な減額や転勤が度々繰り返される企業[17]では、人事権が組織側にあるため、組織と個人の相互関与によるエンゲージメントを築くことはできません。

つまり、エンゲージメントは、個人側の心構えの問題だけではなく、会社組織の人事権や指揮命令系統を含む組織構造的な問題とも深く関係します。エンゲージメントが単なる心理学ではなく、組織心理学という分野で論じられるのは、単に従業員心理だけを扱うのではなく、指揮命令系統を含む権限移譲などの組織構造的な視点が含まれるからです。

個人側だけが仕事に前向きに取り組もうと心構えを一新したところで、組織側の構造が変わらなければ、空しい結末が待っていることもあり得ます。

■心構えとしてのレディネス

仕事における心構えについて、組織構造を含む組織との相互関係の議論ではなく、個人側に焦点を当てていきましょう。

キャリア心理学という研究分野があります。

キャリア心理学は、組織構造ではなく、個人側に着目して、個人がいかに良い職業人生を作っていくか、という点から、仕事への心構えについて数多くの知見を歴史的に提示してきました。

そのなかで「レディネス（Readiness）」という研究概念があります。キャリア心理学の世界的大家であるドナルド・E・スーパー博士によって提示され、その後、国内外でキャリアの研究と実践に多大なる影響を与えてきた概念です。

レディネスとは、個人が働くうえでの心の準備のことで、具体的には、キャリアの成熟を目指して発達課題に取り組もうとする認知と態度のことを指します[18]。

レディネスは、働くことを本格的に検討する最初の段階である、学生から社会人への移行のときに必要とされます。何のために働くのか、どのような働き方をしたいのか、などの心の準備ができないままに、周りに流されて就職活動をして、仕事の世界に入っていく若者は、就職してから大変苦労します。毎日の仕事が苦痛でしかないという人もいます。レディネスが足りていれば、仕事で得られる経験から学び、面白さを感じたかもしれません。

この考え方は、スーパー博士に限らず、今日に至るまで、キャリアの成熟を考える研究の礎になっています[19]。

■キャリア・アダプタビリティが仕事人生を彩る

仕事への認知と態度について、より詳細に、世界的な重要研究を見ていきましょう。

スーパー博士は、働くことに最初に向き合う場面だけではなく、働き出した後のキャリア発達までをカバーする理論的アプローチを提示しました。社会人になった後は、仕事内容などの変化への向き合い方がキャリア発達において重要であることを述べ、その変化への適応力を「キャリア・アダプタビリティ」として定義しました。[20]

スーパー博士は、多大な功績を残して20世紀後半に逝去しましたが、その後、マーク・L・サビカス博士がキャリア・アダプタビリティの理論をさらに発展させました。サビカス博士の考え方は、キャリア発達に関わる理論として、現在、世界的なキャリア研究の潮流になっています。

チーム異動、プロジェクト編成、海外転勤といった大きな変化に限らず、担当業務の変更、新規案件への取り組みなど、キャリアにはさまざまな変化がつきものです。その変化の捉え方（認知）と行動のあり方（態度）が、適応の巧拙を決め、それがキャリアの細かな分かれ道になり、その積み上げが、その人のキャリアだということです。

サビカス博士は、キャリア・アダプタビリティを「現在と今後のキャリア発達課題に対処するためのレディネスとリソース」[21]と定義しました。

仕事で遭遇するさまざまな問題や新たな仕事への移行、それに伴う大きな苦悩に対処するために、自分の認知と態度を準備しておくこと、そして、対処のための資源が大事だということが含意されています。

ここで、レディネスとは適応のための心理的な準備を、リソースとは適応のための資源を指します。適応のための認知と態度を磨いておくこと、そしてそのための資源があることが必要です。

心理的な準備がなければ、必要な資源を見極めることができず、身につけることができません。また、心理的な準備だけがなされていても、資源が備わっていなければ適応できませんし、資源がたまたまあっても心理的な準備ができていなければ態度として発現されずに、宝の持ち腐れになります。

■キャリア・アダプタビリティは身につけられる

大事なのは、キャリア・アダプタビリティは地頭や性格特性とは異なり、可変性が高いということです。[22]

地頭や性格特性は変えにくくても、キャリア・アダプタビリティは変えやすく、望ましい方向に向上することができます。

うまくいっている時期にはキャリアが上昇している人でも、何かの状況変化をきっかけにしてうまくいかなくなると、キャリアが一気に下降していく人がいます。昔、活躍していたあの人は今どこで何をしているのだろう、という人です。きっと思い当たる人がいると思います。

うまくいっていたときから先んじて準備をしておけば、変化を乗り越えて、活躍し続けられたことでしょう。変化を乗り越えて活躍し続けるためのキャリア・アダプタビリティを日頃から高めておくことが重要です。

仕事の変化を乗り越えて成長し続けられるのか、それとも変化によってキャリアが下降してしまうのか、または、組織で不正があるときにそれに追従してしまうのか、それとも望ましい未来を創るために自ら動くのか、を決めるのは、個人のキャリア・アダプタビリティ、すなわちレディネスとリソース次第です。

関心・統制・好奇心・自信の4Cが大事

キャリア・アダプタビリティのリソースは、4つから構成されることが国際的な実証研究を通して明らかにされています。[23]

4つとは「関心（Concern）」、「統制（Control）」、「好奇心（Curiosity）」、「自信（Confidence）」です。これらの頭文字をとって4Cと呼ばれます。

1つ目の関心とは、個人が持つ未来への関心のことを指します。次に何が起こるのかを予測して、それに向けて準備するには未来への関心が不可欠です。

仕事をしていても未来への関心が低く、その場その場の業務に忙殺されてしまっている人がいます。また、そのときにしかない権力を振りかざして、周囲から嫌われ、未来を自らの慢心で閉ざしてしまう人がいます。いずれも未来への関心の低い人たちの例です。

こういった人たちは、キャリアの変化に適応することができず、楽なほうに逃げたり、組織の風土にただ流されたり、長い物に巻かれたりするということでしょう。

2つ目の統制は、未来への関心が前提になっています。未来への高い関心に基づいて、自らを律し、努力し、粘り強く取り組むことで、自分自身と周囲にとっての望ましい未来を実現することに責任を持つことを意味します。

未来への関心はあっても、努力しない人がいます。口先だけで夢を語るのではなく、行動に移し、責任を持つことが仕事の心構えとして必要だということです。

3つ目の好奇心とは、未来への関心を持ち、自分自身を統制することができると思う人が持てるもので、自分自身のキャリア上の役割や状況についてさまざまな可能性を探索しようとすることを指します。

未来への関心がない人は、当然多様な選択肢を模索しません。自分を統制しようとしない人は、実現可能な選択肢の範囲を決められません。未来への関心と統制に基づく好奇心がキャリアの可能性を広げ、知識を増やしていくのです。好奇心の低い人は、キャリアの可能性を自ら狭めてしまい、過去に経験した仕事のやり方や成功体験に固執し過ぎてしまい、変化への適応が阻害されてしまいます。

4つ目の自信とは、それらの自己概念と仕事に関する知識に基づいて、自分が思い描くキャリアの選択肢を自分は実現できるのだ、と感じることを指します。

キャリアを実現するためのカウンセリングは、これら4つのリソースを高めることをゴールにしており、欧米のキャリアカウンセリングにおける中心的な考え方になっています。

■仕事に必要な「心構え」とは何か

仕事生活を充実させるには、レディネスとしての認知や態度、リソースとしての関心や統制などが必要です。

リソースの関心、統制、好奇心、自信は精神的な面を多く含むため、いわゆるスキル・知識・経験とは少し違った意味合いで捉えるのがよさそうです。未来への関心を持とう、自分を律しよう、好奇心のアンテナを張ろう、自信を持とうとすることは、心構えと言えるでしょう。

日本における研究例では、レディネスを、関心性、自律性、計画性の3つの要素から捉えた尺度が開発され[24]、今日に至るまで複数の実証研究で用いられています[25]。この3つの要素は、キャリア・アダプタビリティにおけるリソースに関連するものです。

その意味で、リソースとレディネスを区分せずに、全体として仕事への心構えとして捉えることもできるでしょう。

本書において仕事への心構えとは、レディネスとリソースを統合したものを指し、国内の研究例を参考にして、それを簡便に広い意味での「ワーク・レディネス」と称することにします[26]。本書では、仕事における心構えとワーク・レディネスを同義として操作的に定義します。

企業不祥事が増え、日本社会の安心・安全が揺らぎ、勤勉な日本人像が崩れ始めている今、能力や性格という、これまでの伝統的な人間観とは別の、行動発現に深く関わるワーク・レディネスを真剣に考える時期に来ています。

2　ダークな心の特性がパワーに変わるとき

■ワーク・レディネスが必要な人

ワーク・レディネスが特に必要とされるのはどのような人なのでしょうか。

例えば、ものすごく知的能力が高い人は、それだけで仕事ができるため、ワーク・レディネスは要らないのではないか、とも思えますが、知的能力の高い人であっても、常に気持ちが安定しているわけではない、ということが20世紀末の大規模研究からわかっています。一般知的能力と性格特性としての情緒安定性は強い相関を示さず、その他の知的能力（記憶や認知処理速度）も情緒安定性とほぼ相関を示さないことが研究によって明らかにされました[27]。

つまり、頭の良さという面で優れている人が、必ずしも職場で気持ちが安定しているわけではないということです。

例えば、頭はいいけれど、気持ちの波が大きく、好不調がはっきりしている人がいます。頭はいいけれど、自分を統制できていない人や自信がぐらつきやすい人もいます。気持ちが安定していれば、もっと高業績を生んで活躍できるのに、という人です。こういう人にワーク・レディネスが備わっていれば、それまで不安定だったパフォーマンスが、望ましい方向に安定して発揮されるようになるでしょう。

では、性格のほうはどうでしょうか。

とても勤勉性・誠実性が高い人も、それだけで仕事の活躍がある程度期待できそうですが、こういう人はデータ処理などの細かい仕事で活躍が期待できる一方で、創造性が求められるような仕事では活躍しにくいことが、特性活性化理論に基づく研究によって示唆されています。[28]

個々人の性格が適合する仕事への配置施策が組織側に求められることは言うまでもありませんが、現実の組織では、全ての人について、特性と仕事を完全に適合して配置することは、ときに困難を極めます。

少し苦手な仕事であっても、心構えを整えて、なるべく自分の良さを発揮して、チームに貢献しようとすることが求められるときはあるものです。そういうときにワーク・レディネスが大事になってきます。

■世界的研究理論のダーク・トライアド

そして、これらの人々以上にワーク・レディネスが必要とされるのは、職場で反社会的な行動をとりがちな人です。

図1　ダーク・トライアドの3要素

マキャベリアニズム	自己愛傾向	サイコパシー傾向

職場で反社会的行動をとる人とは、例えば、職場で他者の気持ちや迷惑を考えず、自分の都合だけで物事を進めるような人です。傍若無人な振る舞いは組織に無駄な争いを生み、分断を進めてしまいます。そういう人は、他者を傷つけ、迷惑をかけているという意識があまりありません。

ただし、そういう人であっても個人の業績は高いという場合もあるのが組織の妙です。個人業績の高さによって昇進して、上司の立場になると、部下の気持ちを考えずに徹底的に逃げ道をなくして追い込み、部下の気持ちを滅入らせてしまうこともあります。

また、自分だけは特別だという特権意識が強く、周りにイエスマンしか置かずに暴走する人もいます。こういうナルシシズムの強い人は、上司から何かを注意されると、拗ねてしまい、なんで自分がそんなことを言われなければならないのだ、と強く反抗します。

さらに、嘘をついて自分のミスを隠蔽しようとする人や、虚言や捏造によって顧客を騙すような人もいます。こういう人は、他者を自分の目的達成のための道具だと思うことがあります。

これらの例であげた人々は「ダーク・トライアド（Dark Triad）」という性格特性の高い人を指します（図1）。

ダーク・トライアドは、2002年にカナダのブリティッシュ・コロンビア大学のデルロイ・ポールハスらによって体系化され、現在に至るまで極めて精力的に欧米で研究が進められている、世界的な研究理論です。

職場を含む社会生活で問題を起こす人はダーク・トライアドが高いことを示す研究が、これまでに数多く報告されてきました。

例えば、上司を信頼せず、上司からお金を盗み取る人[29]、教育プログラムを施されてもなお再犯率が高い人[30]など、反社会的な問題を抱える人はダーク・トライアドの要素が高いことが実証研究によって示されています。

ダーク・トライアドの研究の歴史を見ると、主に反社会的な行動を生む原因となる性格特性として捉えられてきたことがわかります。

■人間は反社会性と向社会性の両面を持つ

大変興味深いのは、近年になって、ダーク・トライアドの高い人は、職場で問題を起こす反社会的な人という面だけでは理解しきれない、という研究が、欧米で相次いで報告されていることです。

ダーク・トライアドの高い人が、持ち前のエネルギーを良い方向に発揮して、向社会的な行動を示し、職場で輝きを放つこともあることがわかり始めています。

例えば、2016年に発表された、およそ800名の労働者を対象にした調査では、マキャベリアニズムの高い人は、リーダーになりやすく、キャリアへの満足度が高いという結果が得られました[31]。

嘘をついてまで、他者を自分の目的達成のために動かすようなマキャベリアニズムの高い人は、その反社会性とともに、職場における権力や社会的地位の獲得、自己のコントロール範囲の拡大に、他の人にはないほどの極めて高い動機付けを持つことが今世紀の研究でわかっており[32・33]、それが実際に昇進という結果につながることもあるということです。

また、職場で他者の気持ちや迷惑を考えないような人は、その反社会的なところがある半面で、感情的反応をあまり示さないという特徴を活かして、普通の人ならおどおどして動転してしまうような場面でも、冷静で合理的な判断を下すことができるため、それが状況によっては職場で重宝される、というサイコパシー傾向に関する2013年の研究[34]もあります。

さらに、自分だけが特別だという特権意識が強い、自己愛傾向の高い人は、周りからのフィードバックを遮断するという反社会的なところがある半面で、尊大な自己像を持つことで、他の人が追従できないような、とても高い目標を自分に課し、自分を鼓舞する面があることが今世紀の研究によって知られています[35・36]。

つまり、ダーク（Dark）ではあるけれども、決して常にバッド（Bad）であるとは限らないということです。

一方向のみに価値付けがなされているわけではないということを理解しないと、誤った、偏見による人物理解を招きかねません。

これらの近年の先端研究は、欧米でビジネスに関わる人々の関心を大いに集めています。

■ダークな人が輝くには何が必要か

ダーク・トライアドの性格特性は、常に反社会的な行動として発現するわけではなく、その発現のあり方は、主に2つによって決定されると考えられます。

1つは、状況的なきっかけです。

例えば、職場で高い地位を獲得したいと強く願う人の歯止めが利かなくなると、見せかけの業績を創出するためにデータを捏造し、品質不正をおかすという方向に行動が発現してしまいます。しかし、不正に厳しく、顧客に真摯に向き合う上司が側にいると、自分もああなりたい、ああいう形で地位を獲得したいという思いに変わることもあります。

そのとき、職場で高い地位を獲得したいという特性が望ましい方向に働きます。それによって、顧客から感謝され、職場での高い評価を得られます。

このような上司の存在が、状況的なきっかけの一例です。

■学び、成長する社会人の輝き方

もう1つは、個人の心構え、すなわちワーク・レディネスです。

人間は、自分が持つ性格特性を全て露出して行動をとっているわけではありません。自分が持つ性格特性の課題を知り、業務の経験から学び続けることで、「こういうときはこうしよう」という心構えが認知的に蓄積されて、その時々において望ましい行動を選択することもできるのです。

日本国内のダーク・トライアドに関する研究文献には、経営組織における従業員の業務上の能力について「仕事遂行能力」と表現したものが見られます。しかし、日本企業の人事管理では、仕事を遂行する能力は一般的に「職能」（職務遂行能力）と呼称されます。職能をもとにした職能資格等級制度は、わが国の人事管理で長年定着した、最も普及した制度であると言われます[37]。

あくまで一例ですが、心理学と経営学の接続の不十分さを示しているもので、基礎的な経営学用語が心理学研究ではあまり知られておらず、別の一般的ではない表現で使われて概念の混在を招いています。

職能は、業務からの経験学習による上昇的変化が想定されています。社会人として経験を積み、そこから学ぶことで熟達していくということです。

以前は失敗したことであっても、その失敗の一因が自分の性格特性にあることを学べば、次は性格特性を変えずとも、「気をつけよう」という認知的な努力によって同じ失敗を繰り返さないようにできます。これがワーク・レディネスです。

経営研究やビジネス実践で積み上げられてきた経験学習や職能の熟達に関する知見が、ダーク・トライアドの向社会的な発揮にとって大きな視角になります。経営組織においては、ダーク・トライアドを単体で考えるのではなく、人的資本を取り巻く多面的な制度や職場での学習理論も併せて考えることが必要です。

■「決めつけ社会」を超えるにはダーク・パワーの知識が必要

ダークな人に必要なワーク・レディネスの内容を考えるためには、まず、前提として、ダークな人とは、どのような枠組みで捉えられるのか、というところから整理しなければなりません。つまり、職場におけるダーク・トライアドとは何か、を詳しく知らなければなりません。

枠組みを伴わないままでは、根拠のない持論によって、ダークな人がばらばらに論じられてしまいます。そのような枠組みのない持論が、ダークな人は全て悪い、という浅はかな偏見の温床になってしまいます。それは前時代的な考え方であることは、近年の世界の研究例が示しています。

ダーク、という語にはさまざまな意味があります。辞書[38]によれば、暗い、邪悪な、という意味のほかに、深い、深みのある、謎めいた、などの意味があります。ダークな人には、字義通りの多面性があるということです。そこから目を背けてはいけません。

表面的な善悪の一律判断に慣れ親しんだ人々にとって、この反社会性と向社会性の両面の行動を生み得るパワーをどのように受け止めて、さらに活用するかは大きなチャレンジになります。

これまで日本企業には、「臭いものには蓋をする」または「事なかれ主義」が蔓延してきたように思えます。例えば、ストレス耐性が低そうな人は、その良さも知らず、確かめずに、職場でうまく働けないと決めつけて不採用にしてきたのと同様に、ダークそうな面を持つ人について、問題行動を強調して、採用を見送り、または責任あるポジションに向かないと決めつけて昇進を見送ってきたのではないでしょうか。

人間のネガティブな面についての理解と、そのポジティブな方向への転換についての議論を避けてきた組織は、一度、ネガティブな動きが組織に広がってしまうと、正体がわからず、どう止めたらよいのかもわかりません。不正という得体の知れない組織の魔物に対処ができないのです。

その結果、不正が組織に蔓延して、何十年にもわたる企業不祥事として姿を現すということです。

■ネガティブな面を直視し、ポジティブな可能性を展望する

書店では、人間のポジティブな面を強調する本が多く売られています。しかし、そろそろ、ネガティブな面にもしっかり目を向けないと、今後、さらに大きな企業不祥事が起こるかもしれません。大事なのはネガティブな面を知ったうえで、ポジティブな方向性へとどうつなげるか、という知識を持っておくことです。

ただし、こう言うと、今度はポジティブ幻想を持つ人が出てきます。ダーク・トライアドが高い人はリーダーに常に適している、と考えるような人です。しかし、それも新たな決めつけにすぎず、避けなければならない理解です。

つまり、ダーク・トライアドの高い人について、ネガティブな面ばかりを強調するのも誤りですが、ポジティブ一辺倒の理解も誤っています。ビジネス場面におけるダーク・トライアドのうち、どのような特性がどのような組織行動につながり、どのような状況下で望ましくない、または望ましい方向に発揮されるのか、またどのような心構え、すなわちワーク・レディネスと深く関わるのかを知ることが重要です。

3 本章のまとめ

本章では、ダーク・パワーが発揮されるために必要不可欠な心構え、すなわちワーク・レディネスについて解説しました。

個人が働くうえでは、心の準備としてのワーク・レディネスが必要です。ワーク・レディネスは地頭や性格特性とは異なり、可変性が高いという特徴があります。

ダーク・トライアドは性格特性に分類されます。ダーク・トライアドの性格特性は変えにくくても、ワーク・レディネスを変容することによって、職場での組織行動を望ましい方向に発現することができます。

例えば、以前は失敗したことであっても、その失敗の一因が自分のダークな性格特性にあることを学べば、次は性格特性を変えずとも「こういうときは気をつけよう」という心構えを持つことができます。それによって同じ失敗を繰り返さず、成功に近づくのです。

以降の章では、ダーク・トライアドの枠組みの説明から始めます。そのうえで、ダークな人が輝くためのワーク・レディネスを、マキャベリアニズム、ナルシシズム、サイコパシー傾向の順で章に分けて詳しく説明します[39]。

第3章

マキャベリアニズムのダーク・パワー

本章では、ダーク・トライアドのうち、マキャベリアニズムを解説します。マキャベリアニズムはいかにしてビジネス場面でポジティブなパワーにつながるのか、世界的な研究例を用いながら解説します。

1 マキャベリアニズムの基礎知識

■歴史と動向

マキャベリアニズムは、ルネサンス期イタリアの政治的混乱を生きたニコロ・マキャベリによって16世紀にまとめられた『君主論』に端を発する概念です。君主論は、都市国家が乱立するなかで自国が生き残るための方略を描いたものです。そこで示された利己的な考え方が、マキャベリの名を冠してマキャベリアニズムと称されます。

マキャベリアニズムは、臨床心理学やパーソナリティ心理学の分野だけではなく、経営学や組織行動論の系譜においても、ダーク・トライアドとして体系化される前から職場で働く人の特徴を捉える観点として取り上げられていました。[40]心理学と経営学の両方で大きく着目される契機になったのは、1970年に発表された研究です。[41,42]

心理学だけではなく、経営学や組織行動論でマキャベリアニズムが古くから注目されてきたのは、手段を問わずに自己利益を獲得しようとするマキャベリアニズムの特徴が、ときには他社の顧客を奪うことによって、自社利益を向上させることをはっきりと肯定する企業行動原理と密接な関係を有することが背景にあります。

マキャベリアニズムの内容について、これまでの研究で以下のような定義が示されてきました。研究例によって多少の差異はありますが、その内容の方向性には一貫したものが見られます。

■他者を信頼せず、他者をコントロールしようとし、道徳心がなく、何かを誤魔化し、嘘をついてでも自己利益を最大化しようとする特性[43]

■他者操作的で、人間性への冷淡で悲観的な見方を持ち、定められたルールよりも自分自身が考える利己的な便益を優先する特性[44]

これらの内容からわかる通り、研究の歴史では、マキャベリアニズムは、職場においてネガティブなものとして主に捉えられてきました。

■マキャベリアニズムはビジネスで「悪」なのか

マキャベリアニズムは私生活だけではなく、経営組織のビジネス場面でもネガティブな方向に働き、CWBと関係があることが複数の研究で報告されてきました。

冷淡さ、他者操作性、ルールや道徳を軽視した利己性は、職場において部下やメンバーに対する酷い業務態度を招きます。就業規則や意思決定のプロセスを軽視して、他者を操ることで自分だけの利益を最大化しようとする姿勢が強い人は、職場で問題行動を起こすことにつながるということです。

しかし、そもそも、経営組織は、自社の利益をときには他社の利益を奪うことによって獲得する存在です。

例えば、交渉では相手方の利益を最小化し、自分自身の利益を最大化することを狙う場合があります。株式や不動産などの取引では、他者が設定した金額の判断ミスを見つけ、本来はもっと高いものであると知りながら、それを相手方には一切見せずに、相手方をうまく誘導・操作して取引することでこちらの利益を最大化しようとします。もちろん、この源はマキャベリアニズムだけではなく、利益判断を支える知的能力などにも求めることができますが、心理的特性も無関係ではないでしょう。

また、リーダーは、メンバーに指示をして動かし、利益を追求しようとします。その際、メンバーの人間性にだけ配慮するわけにはいかないという場面も実際に発生します。そして、定められた意思決定のプロセスを真面目に守るだけでは、破壊的なイノベーションは生まれないという見方もあります。革新的なアイデアは、それまでのルールを無視した発想から生まれるということです。

そのような経営組織の実態を知るビジネスパーソンであれば、マキャベリアニズムは本当に反社会的行動ばかりにつながるのかという疑問がすぐに湧いてくることでしょう。

その当たり前とも言える疑問に呼応するかのように、比較的近年の研究は、マキャベリアニズムの高い人物が、反社会的行動をとるばかりではなく、経営組織で活躍する場合もあることを実証的に示し始めています。人間のダークな、すなわち謎めいた側面を研究がクリアにし始めており、一律的な人物の決めつけへの警鐘を鳴らしています。

以降、本章は、ビジネス場面におけるマキャベリアニズムのポジティブな面を中心にして論じますが、だからといってネガティブな面を軽視してよいということを強調するものではないことに留意してください。この留意点は、マキャベリアニズムを含むダーク・トライアド全般についての本書の立場です。

■マキャベリアニズムの高さとリーダーシップの高さは関係する

マキャベリアニズムの高さと組織での効果的なリーダーシップは正の関係があるという研究例があります。ネガティブな側面を軽視することはあってはなりませんが、このようにポジティブな側面もあるということを知るところから、経営組織における人物理解と人材管理が始まります。

完璧な人はいないので、現有戦力である従業員の特性を理解することが真のタレントマネジメントの起点です。そこで重要なのは、単にマキャベリアニズムがリーダーシップにつながるという表面的な理解であってはならないということです。

心理学分野の研究文献では、マキャベリアニズムの向社会的側面としてリーダーシップとの関連が述べられることが多くあります。

リーダーシップは組織行動論を含む経営学や組織心理学分野で膨大な知の蓄積が見られる一大研究分野です。本来は、心理学による知見だけではなく、リーダーシップに関する経営分野での豊富な研究知との接続・融合が図られ、マキャベリアニズムがビジネス現場においてどのようなリーダーシップにつながるのか、についての深く、具体的な検討が必要です。

特に日本国内の文献では、心理学的な視点が多く述べられる一方で、経営的な視点が十分に議論されていないため、職場でマキャベリアニズムを実際に検討するうえでまだ大きな壁があります。単にマキャベリアニズムがリーダーシップにつながるという表面的な話では、ビジネス場面での意思決定に使うことはできません。従業員にマキャベリアニズムの検査をして、高ければ昇進させるという安易すぎる使い方になりかねないからです。

そこで、以降、第3章から第5章では、心理学と経営学がこれまでの長い歴史で獲得してきた知見を接続・融合し、さらにビジネス実務での課題関心もそこに含めることで、経営組織の実践へのイメージを検討することを主眼にしていきます。現に生じている職場での人間理解、人材活用、昇進などの登用、リーダー育成などの検討課題への道筋を、研究にヒントを得ながら、あくまで経営実践的立場で見出します。これは基礎研究としての心理学をベースとした、応用的で現実的な学問である経営学としてのあり方や、経済社会での実践活動としての組織経営を強く意識した立場です。

2 マキャベリアニズムとリーダーシップ

本節では、マキャベリアニズムとリーダーシップの関係性を解説します。マキャベリアニズムがダーク・パワーとなって、それが高い人が良いリーダーとして職場で機能するには何が重要なのでしょうか。

■マキャベリアニズムの高い米国大統領がカリスマ的リーダーシップを発揮してきた

組織に対立や争いがつきものであることは、一度働いたことがある人なら誰もが納得できることと思います。また、組織には今後進むべき方向性がどこなのか、はっきりと定まらない、激動の時期があります。

このような状況において、マキャベリアニズムが組織を導くリーダーシップにつながることを示した研究[45]があります。

同研究で対象にされたのは、米国の歴代大統領のリーダーシップです。マキャベリアニズムが高い大統領ほど、カリスマ的リーダーシップを発揮し、その働きぶりへの評価が高いことが明らかにされました。

マキャベリアニズムの高さは、たとえ不確かな状況であっても、自信のある立ち居振る舞いにつながること、また、自己の目的を達成するうえで必要であれば、感情を制御することにつながることが知られています。

カリスマ的なリーダーが発揮する自信に満ちた行動や、支持者を惹きつけるインプレッション・マネジメントのための自己の感情の管理が、マキャベリアニズムの高さと共通する点が多いことが同研究では述べられました。

つまり、マキャベリアニズムの高い大統領は、自信に満ちており、それを周囲に示して支持者を惹きつけ、さらに感情を制御したクールな一面も併せ持っていることで、カリスマ的リーダーシップを発揮し、自らが設定した目標を達成する傾向にあるということです。

■マキャベリアニズムのリーダーシップはサーバント型や配慮型とは違う

欧州で2010年代に行われた実証分析[46]によると、マキャベリアニズムの高い人は実際にリーダーとしてのポジションに就きやすく、これは他のダーク・トライアドの構成要素であるナルシシズムやサイコパシー傾向には見られない傾向であることが明らかにされました。

しかし、その実証研究を含む、多くのこれまでのダーク・トライアドに関する文献では、単にマキャベリアニズムがリーダーシップと関係するという表面的な傾向が述べられるのみであり、そこで発揮されるリーダーシップがどのようなものかについての特定的な議論はほぼ見られませんでした。それでは、経営場面での実践的示唆に欠けてしまいます。

米国の歴代大統領のリーダーシップについて分析したさきほどの研究は、マキャベリアニズムによって生まれるリーダーシップの内容がカリスマ的リーダーシップに近いことを明らかにしたところに進んだ点があり、企業経営への示唆に富んでいます。

カリスマ的リーダーシップについては、その概念が初めて登場した20世紀以来、多様な定義が提出されてきました。主なものに、組織の指針となる明確なビジョンを掲げ、リスクを取りながら並外れた行動力と発想で組織を力強く牽引していくリーダーシップを指す、という定義があります。

カリスマ的リーダーシップは、うまく機能すると事業が大きく発展するという成果をもたらすものの、フォロワーがリーダーに依存し、フォロワーが自らの主体性を失うという欠点があることもこれまでに報告されています[47]。

膨大なリーダーシップ論研究を俯瞰すると、リーダーシップのなかには、それとは異なるリーダーシップも多くあることが歴史的に数多く示されてきました。

例えば、メンバーが働きやすい環境づくりを行い、メンバーの主体的な行動を促すような、いわゆる「サーバント・リーダーシップ」というものがあります。国内外で有名な概念で、研究も盛んになされてきました。

マキャベリアニズムが高い人のリーダーシップのあり方は、サーバント・リーダーシップとはだいぶ異なるものです。マキャベリアニズムの高い人の示すリーダーシップは、フォロワーの働きやすさを実現するというよりも、自己の自信に満ちた言動によってメンバーを惹きつけ、支持者を引き連れていくようなリーダーシップです。

また、世界的によく知られたリーダーシップ研究として、１９５０年代ごろに進められた「オハイオ研究」によるものがあり、古典的なリーダーシップスタイル研究ではあるものの、今日でも頻繁に参照されています。

オハイオ研究が示したリーダーシップは２つの面から構成されます。１つは、目標達成のための役割を組織構成員に展開する「体制づくり」という面です。もう１つは、フォロワーのことを気にかけて、親しみやすい組織風土を醸成する「配慮」という面です。オハイオ研究は、これらの体制づくりと配慮の両方が高いリーダーシップスタイルが平均的に最も有効であることを示しました。

マキャベリアニズムが高い人のリーダーシップは、オハイオ研究が示した配慮の面とも異なります。一口にリーダーシップと言っても、膨大な研究蓄積をもとにその内容が細分化し、多様に歴史的に論じられてきているため、マキャベリアニズムに基づくリーダーシップがそのなかのどこに定位され、どのような特徴と限界があるのかを同定したとき、はじめて経営実践で使える知識になります。

■危機的で先行き不透明な状況でこそ活きるマキャベリアニズム

変化の激しい経営環境で数多くの状況に企業が直面するなか、マキャベリアニズムに基づくカリスマ的リーダーシップが、どのような個別の特定状況下で有効なのかを知ることが必要です。

米国の歴代大統領を対象にした研究では、マキャベリアニズムの高い大統領のカリスマ的リーダーシップが歴史的に高い評価を得てきたのは、激しい対立があるなかでクリティカルな意思決定を迅速に進めなければならない状況、また、何が良いのかが判断しにくい、先行き不透明な、曖昧な状況であることが報告されました。

わかりやすく換言すれば、危機的な状況や先行きが不透明な状況でこそ活きるのが、マキャベリアニズムに基づくリーダーシップということです。

■ダークなリーダーシップだけが特定状況に依存するわけではない

ここで注意したいのは、マキャベリアニズムがダーク・トライアドという反社会性と向社会性が同居する特性だから、そのリーダーシップの良し悪しが状況によって決定されるわけではないということです。

つまり、組織で発揮されるさまざまなリーダーシップのうち、マキャベリアニズムに基づくカリスマ的リーダーシップだけが効果的に活きる状況と活きにくい状況があるわけではなく、リーダーシップとはそもそも状況に依存するという考え方が、1960年代以降、経営学などの研究分野ではある程度支配的な見解になっています。

例えば、1960年代に提唱されたLPCモデルというリーダーシップ理論が有名です。LPCモデルは、リーダーの集団に対する効果性を、リーダー特性と集団状況の組み合わせによって明らかにしたものです。

LPCモデルは、リーダー特性として、職場内の苦手な人物との関係構築を避けて、課題達成を重視する特性（低LPCリーダーの特性）と、それとは異なり、職場内の苦手な人物とも関係構築を目指し、対人関係を重視する特性（高LPCリーダーの特性）を定めました。次に、集団状況として、リーダーと集団メンバーの関係性やリーダーの有する権限などの観点から、リーダーにとって好ましくない状況と好ましい状況があることを定めました。

そのうえで、リーダーにとって好ましくない集団状況では、対人関係にあまり配慮しない低LPCリーダーが効果を発揮すること、一方で、リーダーにとって適度に好ましい集団状況では、高LPCリーダーが効果を発揮することを明らかにしました。

LPCモデル以外にも、リーダーシップの効果は状況に依存する、ということが数多くの研究によってこれまでに示されてきました。代表的な理論の例として、SL（Situational Leadership）理論、パス・ゴール理論、ライフサイクル理論などがあり、メンバーの成熟度、メンバーが取り組む業務の定型性などが、リーダーシップの有効性にとっての状況要因になっています。

ダークなリーダーシップのみが状況に依存して、その効果性が決まるのではありません。リーダーシップというのは全般的にそういう特徴がある、というのが世界の研究の着地点のひとつになっています。マキャベリアニズムに基づくリーダーシップだけが状況に依存すると捉えて、状況に依存するようでは不安定なリーダーシップだと言う人もいますが、それは大きな誤解です。ダーク・トライアドに対する差別的な見解の代表例のひとつであり、改めなければいけません。

■職場の状況に適応するには心構えが大事

マキャベリアニズムは、元々、人間性の不信、他者操作性の高さ、道徳心の低さ、嘘をついてでも自己利益を最大化しようとする傾向性などを指すものでした。

これらの内容だけを見れば、いくら状況が危機的であったとしても有効なリーダーシップを発揮することはできそうもありませんが、マキャベリアニズムの高い人が常に不道徳で、人間不信の行動をとるわけではありません。やみくもに他者操作的な行動をとっていては、自己利益を最大化できないからです。マキャベリアニズムの高い人は、職場の他者をうまく巻き込むようなソフトな組織行動を職場でとることも、これまでの研究[48]によって知られています。

ダーク・トライアドはパーソナリティ特性であって、あくまで行動の原因のひとつにすぎません。マキャベリアニズムが高い人であっても、業務経験から学習して、心構えを整えることで、集団状況を見極め、それに応じたリーダーシップを発揮することが、人によっては可能でしょう。

具体的には、組織が危機的な状況であれば、マキャベリアニズムに基づくカリスマ的リーダーシップを発揮します。一方で、組織が安定的で、リーダーとメンバーの関係性が良好な状況であれば、それとは異なる、配慮などに基づくリーダーシップを発揮するということです。それを突然実行するのは難しいので、リーダーシップ論を学んだり、まずは小さな集団で新たなリーダーシップスタイルを試行したりするという準備（レディネス）が必要になります。

その準備行動の背後には、現在の地位や権力に満足せず、組織と自分の未来への高い関心を持つことや、自分が不得手とするリーダーシップスタイルであっても自らを律して粘り強く取り組むという統制などの、先述したリソースも職場で必要になります。

それらのワーク・レディネスが身についたときにマキャベリアニズムの高い人がリーダーとしての効果を幅広く発揮し、高業績者になる可能性が高まります。

3 マキャベリアニズムとジョブ・パフォーマンス

本節では、マキャベリアニズムとジョブ・パフォーマンスの関係性を解説します。マキャベリアニズムがダーク・パワーとなって、高いジョブ・パフォーマンスを生むには、何が重要なのでしょうか。

■マキャベリアニズムが高いと活躍できない

企業で求められる組織行動はリーダーシップだけではありません。メンバーとして役割を果たすことも強く求められます。

リーダーに限らない働きぶりにマキャベリアニズムがどのような影響を与えるのか、経営学における代表的で中核的な成果指標である仕事の成果（＝ジョブ・パフォーマンス）という観点から本節では解説します。

2010年代に入ると、マキャベリアニズムを含むダーク・トライアドのジョブ・パフォーマンスとの関係についてのメタ分析結果[49]が報告され、世界的な注目を集めました。メタ分析とは、個別の研究成果を大量に集めたうえで総括的な知見を導出する技法です。同研究は1950年代から2010年代前半までの大量のダーク・トライアド研究を集めてなされました。

同研究のメタ分析結果は、マキャベリアニズムとジョブ・パフォーマンスには、わずかですが、負の関係性があることを示しました。つまり、マキャベリアニズムが高い人はジョブ・パフォーマンスが低くなるということです。

経営実践的な解釈としては、危機的な組織状況でリーダーポジションにある人は、カリスマ的リーダーシップを発揮して活躍できる一方で、平時の状況下でメンバーとしての役割を果たすというような、いわゆる平均的な場合で考えると、マキャベリアニズムの高い人の活躍は期待できないということでしょう。

■マキャベリアニズムが低すぎてもビジネスで活躍できない

しかし、2010年代には、マキャベリアニズムが高いとジョブ・パフォーマンスが低いと

図2 **マキャベリアニズムとジョブ・パフォーマンスの逆U字関係**

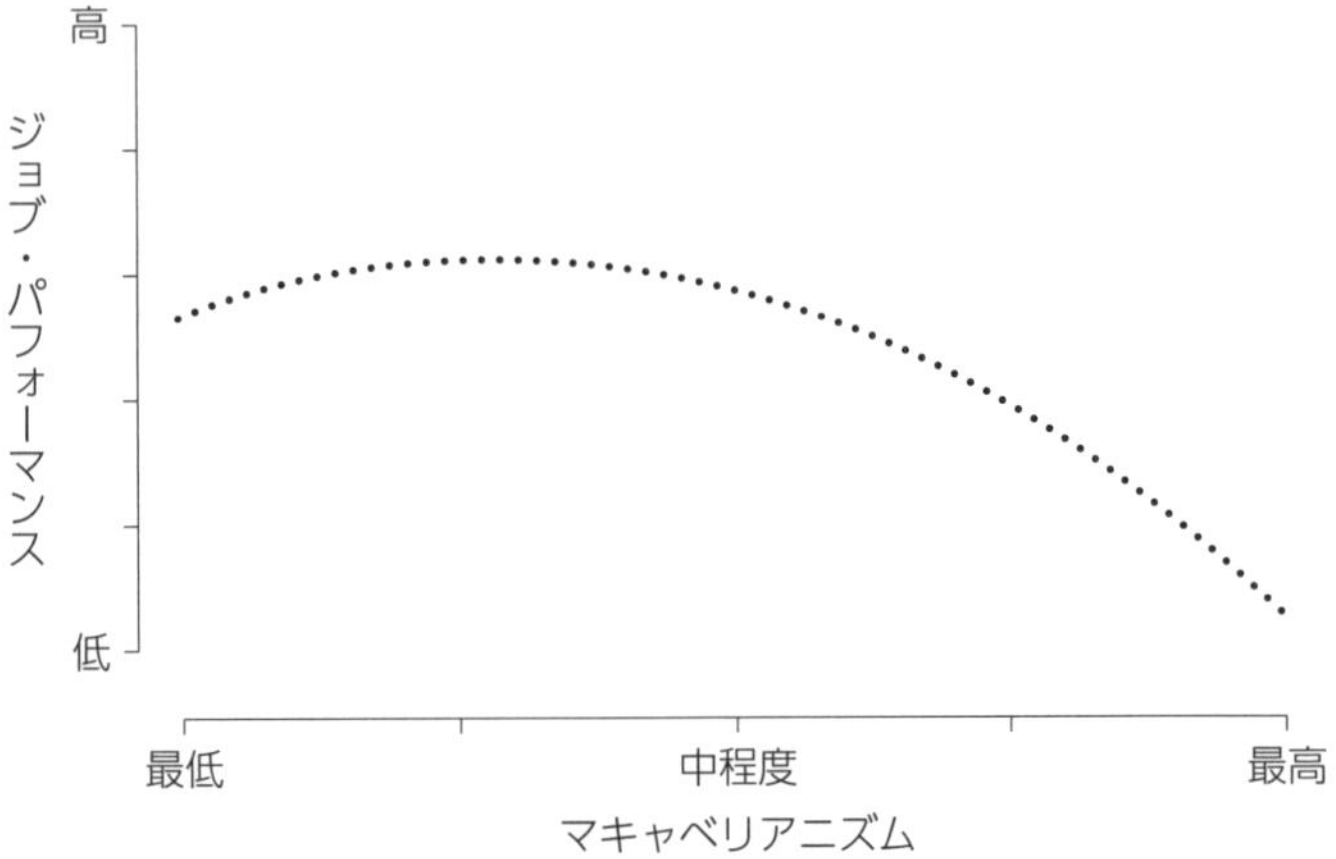

出典：Zettler & Solga（2013）をもとに筆者作成

いう、直線的な関係性ではなく、逆U字の関係性にある、という発展的知見も実証研究によって示されました。[50] まさに職場における組織行動の深みと言えるでしょう。

同研究で示された逆U字関係を、図2に示しました。

着目すべきは、マキャベリアニズムが低すぎるとジョブ・パフォーマンスが低くなるという結果です。マキャベリアニズムが最低ランク近傍の人は、それよりもマキャベリアニズムが高い人と比べてジョブ・パフォーマンスが低くなるのです。

マキャベリアニズムが低すぎると、ビジネス場面において目標達成と利益をとにかく追求するという姿勢が弱くなるため、ジョブ・パフォーマンスの低さにつながることが、同研究では述べられました。

また、同研究では、マキャベリアニズムが最高ランクに近づくにつれてジョブ・パフォーマンスが低くなることも併せて明らかにされました。過剰なほどの自己利益への固執は、他者との関係における争いや組織の方向性との不一致を生み出すということです。

経営実践上の解釈としては、マキャベリアニズムが高すぎる人については従来通り、すなわち半世紀以上にわたる大量の研究を集めた先述のメタ分析が報告したように、たしかに注意が必要だということでしょう。しかし、だからといってマキャベリアニズムの負の側面ばかりに目を奪われて、人材採用選抜や昇進昇格でマキャベリアニズムが低い人を選ぶという経営施策には意味がないということです。

■安易なボーダー設定による採用選抜や昇進管理の危険性

企業の新卒採用の現場では、適性検査に含まれる特定の項目が、ある得点水準を外れたら不合格にする方向で検討する、ということがよくなされています。

マキャベリアニズムも同じように高い得点の学生を不合格にする、という安易な使い方をしないよう注意が必要です。マキャベリアニズムは、低すぎてもジョブ・パフォーマンス上の懸念があるからです。

社内の昇進管理も同様です。マキャベリアニズムが高い管理職候補者について、人物面での問題がありそうだと考え、重要な役職への昇進を見送る場合が実務ではあります。しかし、マキャベリアニズムが低すぎても職責を担えるだけのパフォーマンスを示せるか、不安が残るのです。

組織のジョブ・パフォーマンスは個人のジョブ・パフォーマンスの総和です。組織の目標を達成するために、マキャベリアニズムを心に持つ人材は絶対にだめだというような、一律で安易な判断で個人の持つポテンシャルを潰すのではなく、マキャベリアニズムの低い人と高い人の適材適所、そして、それぞれの形でのジョブ・パフォーマンス創出に向けた、上司や組織の支援を含めたタレントマネジメントが求められます。

■マキャベリアニズムの低すぎる人を支援する

マキャベリアニズムの低すぎる人をそれが高い人と比較すると、組織内で自分に求められる役割の達成へのこだわりが低く、利益獲得への意識も低くて、自己表現や印象管理を不得手として、自信が不足し、他者をうまく動かすことに苦手意識があるという見方もできます。

こういう人はジョブ・パフォーマンスが低くなるというのが研究からの示唆ですが、だからといってそれを変えられない、と決めつけるのも早計です。こういう人こそ、リソースとして先に述べた「好奇心」と「自信」が必要です。

好奇心とは、既に述べた通り、未来への関心を持ち、自分自身を統制することができると思う人が持てるもので、自分自身のキャリア上の役割や状況についてさまざまな可能性を探索することを指します。自信とは、自己概念と仕事に関する知識に基づいて、自分が思い描くキャリアの選択肢を自分は実現できるのだ、と感じることを指します。

自分自身のキャリア上の役割への好奇心は、現在組織から求められている自身の役割と無縁なものではなく、それに真摯に向き合うことによって高められるという面があります。また、自信はキャリアを構築するうえで必要不可欠なものです。自信が低すぎる人は自信を高めようとする心構えを持つことで、組織行動を変えることができます。先に述べた通り、これらのリソースは可変性があるため、社会人でも高めることができます。

ジョブ・パフォーマンスは、パーソナリティ特性のみによって生み出されるものではなく、マキャベリアニズムという特性に加えて、心構え、スキルなどが組み合わされた総体としての組織行動によって生み出されるものです。リソースを高めて心構えを整え、スキルを習得することで、マキャベリアニズムの低い人であってもジョブ・パフォーマンスの創出を期待できます。

ただし、そういった取り組みを行わず、いわば野放しのままでは、マキャベリアニズムのジョブ・パフォーマンスに与える影響が直接的なものに近づきます。その結果、先ほどの逆U字関係に則れば、マキャベリアニズムの低すぎる人のジョブ・パフォーマンスは低いという結果が自社でも再現されてしまいます。

■人間性の善悪をどう決めるか

人間性として何を善または悪とするかは、個々人の価値観だけではなく、時代背景や経済システムなども関連する難しい問題です。

哲学や心理学の立場で、低すぎるマキャベリアニズムをどのように解釈するのか、具体的には人間性への不信や他者操作性などがないことをもって、本来望ましい特性として考えるのか、それとも、経営学や経営実践の立場で、現在の競争経済・組織システムにおいてジョブ・パフォーマンスという面から望ましくない特性と考えるか、ということです。大変難しい問いです。

企業は組織としてのジョブ・パフォーマンスを株式市場や金融機関などにコミットし、それによって資本や借入金を得て経営活動を進めているという現実があります。ステークホルダーにコミットしたジョブ・パフォーマンスを、組織としていかに達成するのかという意思決定が企業には日々求められています。そして、そのような熱心な企業活動の成果としての製品・サービスが、我々の日常生活を支えています。

ジョブ・パフォーマンスを低くする要因は経営リスクに該当するため、低すぎるマキャベリアニズムは対処すべき問題であると捉えられるでしょう。

ただし、企業というのは人間社会の一側面にすぎないという考え方に立てば、それはあくまでビジネス場面での人間の捉え方に限定したもの、ということです。すなわち、ビジネス以外の人間社会の場面に、マキャベリアニズムの低すぎる人は対処すべき問題を抱えている、という点を拡張することはあってはならないということではないかと思います。

マキャベリアニズム以外のダーク・トライアドの要素（ナルシシズム、サイコパシー傾向）についても同様です。ビジネス場面と私生活や教育臨床場面は完全に非連続なものではないかもしれませんが、パフォーマンスが厳しく管理され、顧客や上司から評価を得て処遇が決定されるというビジネス場面は私生活や教育臨床場面とは大きく異なるもので、人間関係も別々だということが多いでしょう。

人間性の善悪判断については、すぐに答えが出るような問題ではありません。常に社会が考え続けなければならない問いのようなものでしょう。

その意識を持ったうえで、経営組織の競争での勝利と存亡をかけた戦いを日々行うために、マキャベリアニズムの低すぎる人を上司が支援し、また、本人がワーク・レディネスを整えることによって、組織行動上の弱みを補うことを考えなければなりません。

■職場で軽んじられたときに喚起されるパワー

マキャベリアニズムがジョブ・パフォーマンスにつながる条件を、さらに考えていきましょう。

２０１０年代半ばになると、マキャベリアニズムがジョブ・パフォーマンスに影響を与える複雑なメカニズムが実証研究[51]によって解き明かされました。

同研究は、米国で働く約300名を対象に調査を行ったものです。マキャベリアニズムの高い人が職場で自身の働きが軽んじられていると感じると、マキャベリアニズムの高い人が元来有する対人影響に関するスキルが強く喚起されること、さらに、その対人影響に関するスキルの強烈な喚起と職場での発揮が、結果として上司からの高い評価につながることが示されました。なお、この研究ではジョブ・パフォーマンスとして上司からの評価が操作的に用いられました。

職場で自身の働きが軽んじられるというのは状況要因であり、それによって対人影響に関するスキルが喚起されるというメカニズムは、先述した特性活性化理論に基づくものです。

対人影響に関するスキルとは、他者をよく理解して、他者をうまく動かす力であり、それによって自分自身や組織の目標を達成しやすくするものです。例えば、職場でのネットワーキング力などが該当します。

マキャベリアニズムの高い人は、組織での影響範囲の拡大と自己利益の最大化を大事にする人です。そういう人が職場で他者から軽んじられると、他者に影響を与えようとする特性が活性化され、他者から軽んじられないような行動を発現することで、高い上司評価に結果としてつながるというメカニズムです。

図3に同研究で報告されたパス解析の結果を示しました。同図のパス係数に示された通り、マキャベリアニズム単体、職場で軽んじられること（ソーシャル・アンダーマイニング）単体

図3 **マキャベリアニズムとジョブ・パフォーマンスのメカニズム**

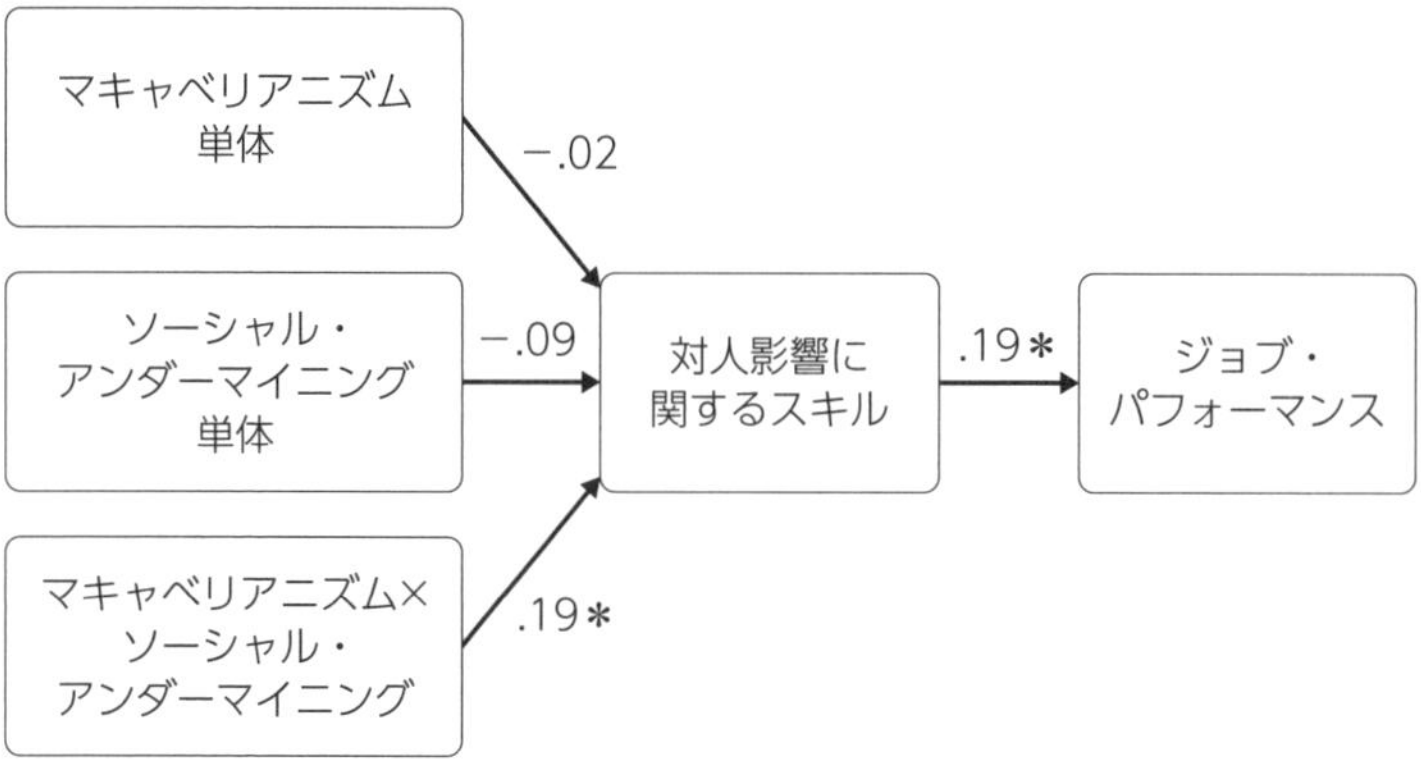

＊$p<.05$

出典：Smith & Webster（2017）をもとに筆者作成

のそれぞれは、対人影響に関するスキルに有意な影響関係を有しませんでした。

しかし、マキャベリアニズムの高い人が職場で軽んじられると（同図内の「マキャベリアニズム × ソーシャル・アンダーマイニング」）、対人影響に関するスキルに有意な正のパス係数を示し、さらに対人影響に関するスキルからジョブ・パフォーマンスに有意な正のパス係数を示しました。有意な正のパス係数が得られたということは、正の影響関係があるということを意味します。マキャベリアニズムの高い人が職場で軽んじられると、対人影響に関するスキルが喚起されて、組織行動として発現され、ジョブ・パフォーマンスを高めるということです。

逆に言うと、特性が活性化されないと、対人影響に関するスキルが発現せず、ジョブ・

パフォーマンスにもつながらないということです。

■職場の荒波に揉まれながら環境を自ら変えていける人がいる

職場で軽んじられるという逆境でこそ自らのスキルを発動して、自分を取り巻く環境をネットワーキング力などによって変え、上司からの高い評価を獲得するのはたやすいことではありません。

普通は、職場で軽んじられると、心を閉ざしてしまい、組織と距離を置いたり、不平不満が溜まって、環境を変えることをせずに常に誰かの悪口を言ったりするのではないでしょうか。そういった人を職場ではしばしば見かけます。逆境で奮起して環境を変えて高い評価を得る人よりも、これらの人のほうが実際は多いのではないかと思います。

マキャベリアニズムの高い人は、逆境という職場の荒波に揉まれながら、そこでサバイブして、周囲への影響力を行使できるような、たくましい面があるということでしょう。自己の目的達成を重視し、他者・周囲をコントロールする傾向性の高いマキャベリアニズムの向社会的側面です。

ＶＵＣＡと呼ばれる変化の激しい経営環境のなかで、これまでの成功体験が通用しなくなることがあります。過去のエース人材が新たな環境に適応できず、なかなか活躍できないという場面も多く見かけるようになりました。多くの人が長い職業人生のなかで思うように活躍できず、逆境を経験する時期があることでしょう。

逆境から立ち直り、はね返してジョブ・パフォーマンスを生み出すうえで、マキャベリアニズムはその一因になります。

今日の経済環境では、マキャベリアニズムの重要性が高まっており、マキャベリアニズム人材[52]とどう向き合い、活かすかが経営実践のポイントになります。

■プロアクティブな自律型人材を求める企業への示唆

組織で働くうえで、自ら能動的に環境を変えていくことを「プロアクティブ行動」と言い、組織行動論研究では極めて有名な概念[53]です。経営学では、プロアクティブ行動は、ポジティブなジョブ・パフォーマンスを生み出すことが古くから広く知られています[54]。

マキャベリアニズムの高さはワーク・モチベーションの高さと正の関係にあることが、最近の研究で実証的に示されました[55]。マキャベリアニズムが高い人は仕事のモチベーションも高いということです。

近年ではさらに、ワーク・モチベーションの高さがプロアクティブ行動の発現に正の影響を与えることも知られるようになりました[56]。ワーク・モチベーションが高い人はプロアクティブ行動を職場でよく示すということです。

総合して解釈すると、マキャベリアニズムの高い人は元々、仕事のモチベーションが高く、自ら環境を変えていくプロアクティブな働き方ができる人です。マキャベリアニズムの高くない人であれば仕事へのモチベーションが下がってしまうような、職場で自分が軽んじられる状況であっても、マキャベリアニズム人材は持ち前の他者をうまく巻き込むような動きを強め、環境を自ら変えて、ジョブ・パフォーマンスを高く示す、ということです。

プロアクティブ行動と似た経営実務用語に「自律型人材」があります。自律型人材とは、指示待ち型人材ではなく、自ら能動的に仕事を進められる人材のことを指し、人材採用や育成のスローガンとして掲げている日本企業もあります。

自律型人材を採用し、育成しようとしてもなかなかうまくいかないという企業例もあります。マキャベリアニズムを心に持つ人を全て悪とみなし、マキャベリアニズムのなるべく低い人をそもそも採用して、それらの人を自律型人材として育成しようとしていることの当然の帰結かもしれません。自ら能動的に働くことができる人とはどのような特性を心に持つ人か、今一度検証してみる材料を、マキャベリアニズム研究は与えてくれています。

■マキャベリアニズム人材がプロアクティブに働くには4Cが介在する

マキャベリアニズム人材が、自ら能動的に仕事をするようなプロアクティブな姿勢を高く持つためには、キャリア・アダプタビリティが媒介する、というメカニズムが、2020年代の新たな研究[57]で明らかになりました。

キャリア・アダプタビリティとは、前に述べた4Cです。すなわち、「関心（Concern）」、「統制（Control）」、「好奇心（Curiosity）」、「自信（Confidence）」のことです。

マキャベリアニズムの高い人は、これらの4Cを高めてワーク・レディネスを充実させることで、仕事へのプロアクティブな姿勢を持つことができるようになる、ということです。そして、プロアクティブ行動はジョブ・パフォーマンスを生むことも、既に別の研究で知られています。

マキャベリアニズムの高い人が、反社会的な方向性に流れずに、職場で適応的な行動をとるためには、未来への関心を持ち、自らを統制し、仕事の役割や状況への好奇心を持ち続け、仕事で成し遂げたいことを自分は実現できるのだという自信を持つように心掛けることが重要になります。

欧米におけるキャリアカウンセリングの中心的なゴールは4Cを高めることにあることを既に述べました。職場では、心理専門職であるカウンセラー以外にも、業務経験が豊富な上司や先輩、ときに同僚であっても、仕事やキャリアについての実務的な助言ができます。未来への関心を高めたり、自らを統制したり、好奇心や自信を高めるためのアドバイスや声掛けはできるのです。

可変性が高く、社会人でも向上できるキャリア・アダプタビリティが、マキャベリアニズムとプロアクティブな組織行動、そしてその先にあるジョブ・パフォーマンスの間に存在するというメカニズムの実証は、つまり、マキャベリアニズムと組織行動の関係性、マキャベリアニズムとジョブ・パフォーマンスの関係性が、固定的で決定的なものではないことを意味します。

すなわち、マキャベリアニズムが高ければ自動的にプロアクティブ行動が高く（低く）なったり、ジョブ・パフォーマンスが高く（低く）なったりするわけではありません。その間には、変えられるキャリア・アダプタビリティがあります。キャリア・アダプタビリティを組織と個人が高めるのか否か、という意思決定とその後のアクションによって、職場でのプロアクティブな組織行動やジョブ・パフォーマンスのあり方を、今からでも変えられるということです。

■企業経営の勝負所になるマキャベリアニズム人材の活用

ダーク・トライアドとジョブ・パフォーマンスの関係性についての研究は世界的に緒に就いたばかりであるため、今後議論を本格化して、マキャベリアニズム人材の職場での活用法を検討すべきであるという認識が海外では広がっています[58]。

一方、日本では、経営組織におけるダーク・トライアド研究があまり議論されていません。ここに大きな意識の差があります。日本企業にもマキャベリアニズム人材はいるはずです。本来はもっと議論されるべきだと思いますが、それが十分ではないことが、人物への安易な決めつけを生み、働く人の組織での可能性を閉ざすことにつながっているのではないでしょうか。

ビジネス場面でのジョブ・パフォーマンスは、心理学ではあまり馴染みのない話ですが、経営学や組織行動論ではこれこそが関心事と言ってもよいくらい重要な指標です。これまで数多くの経営学や組織行動論の研究が、ジョブ・パフォーマンスに関係する人材の特徴とは何か、というテーマを極めて積極的に論じてきました。[59]

ジョブ・パフォーマンスだけではなく、組織を率いるリーダーシップとも関係するマキャベリアニズムは、組織に大きな影響を及ぼします。マキャベリアニズムをどのように扱うのかが、先行きが不透明な時代における企業経営や、経営危機のリスクと常に隣り合わせの現代の環境では、勝負所のひとつになるでしょう。

第4章 ナルシシズムのダーク・パワー

本章では、ダーク・トライアドのうち、ナルシシズムについて解説します。ナルシシズムはいかにしてビジネス場面でポジティブなパワーにつながるのか、世界的な研究例を用いながら解説します。

1 ナルシシズムの基礎知識

■歴史と動向

ナルシシズムの起源は、ギリシャ神話のナルキッソスにあります。性格特性としてのナルシシズムは自己愛傾向とも呼ばれます。

ナルシシズムには以下の2つの側面があり、世界的に広く知られるところになっています。60

第1の側面に、精神疾患すなわちパーソナリティ障害としてのナルシシズムの研究・実践があります。第2の側面に、程度の差はあるものの誰もがある程度安定的に持つパーソナリティ特性としてのナルシシズムの研究・実践があります。

どちらも海外の文献では「ナルシシズム研究」として扱われて、それぞれについて盛んな議論がなされてきましたが、本書は医師が診断するパーソナリティ障害ではなく、後者のほうの、すなわちパーソナリティ特性としてのナルシシズムのみを扱います。

ナルシシズムの内容について、これまでの研究でさまざまな定義がなされてきました。代表的なものに、1970年代から1980年代にかけて開発・検証されたNPI（ナルシシスティック・パーソナリティ・インベントリ）という測定尺度があり、その構成概念は今日のナルシシズム研究に影響を与え続けています。[61]

NPIには、例えば「権威性」「自信・慢心」「優越感」「自己顕示性」「搾取性」「うぬぼれ・虚栄」「特権意識」などの構成概念が含まれています。[62]

■誇大性と脆弱性を併せ持つナルシシズム

それらの構成概念と類似した知見が歴史的に数多く報告されてきました[63]が、2000年代になると、ナルシシズムについてさまざまな定義が分散していることが課題視され、その統合を目指す試みが見られるようになりました。その主な研究のひとつに誇大性と脆弱性の2つの概念から病理的なナルシシズムを捉えようとするものがあります[64]。

同研究によると、ナルシシズムには通常のナルシシズムと病理的ナルシシズムがあり、通常のナルシシズムは、人間誰しもが有するもので、自尊心やウェル・ビーイングの向上につながる可能性がある一方で、病理的なナルシシズムは、自身へのポジティブなイメージが脅威にさらされ、落胆したときの不適応を招くものとされます。

病理的なナルシシズムは、誇大性と脆弱性の2つの構成概念があり、特に脆弱性が含まれることが特徴的です。誇大性とは、自身のネガティブな面を抑圧し、都合の悪い事実を曲解することで、自己イメージを膨張させ、特権意識を持つことを指します。脆弱性とは、自己高揚の失敗や落胆によって自尊心が低下し、虚無感、無力感、恥じらいを覚え、自己制御や感情制御が不適応な状態になることを指します。

ナルシシズムを誇大性と脆弱性の2つから捉える研究は2010年代から2020年代にかけてさらに進み、ナルシシズムの定義についての近年の一般的な認識のひとつになっています。

そして、病理的な範囲だけではなく、ビジネス場面におけるパーソナリティ特性としてのナルシシズムにもその定義が近年、拡張され始めています。例えば、2020年代の研究に、職場のいじめという組織行動をナルシシズムの誇大性と脆弱性から説明したもの[65]があります。

■「他者は取るに足りないが他者が必要」というナルシシズムのパラドックス

ナルシシズムには有名なパラドックスがあります。

それは、ナルシシズムの高い人は、自分を中心とした誇大な自己像があり、他者を軽視するという面がある一方で、その自己像を満足させるには他者の存在と他者からの尊敬が必要不可欠である、というものです。軽視しているはずの他者が、自己を支える重要な存在なのです。

職場ではいつも他人の悪口を言っている人がいます。わかりやすいようにこの人をHさんとしましょう。

Hさんは同僚、部下、上司をターゲットにして「あの人は能力が低い」「この人は常識がない」などの悪口をいつも言いふらしています。職場の皆は、そんなHさんに辟易しています。Hさんは、とにかく他者を軽視し、自分だけが優れた特別な存在であると考えています。実際はHさんにそれだけの特別な実績はなく、自己像がインフレーションを起こしているような状態です。

一方で、Hさんの誇大すぎる自己像を満足させるのは、そのほかならぬ他者（同僚、部下、上司）からの尊敬なのです。他者をそれだけ見下すのであれば、他者はHさんにとって取るに足りないわけですから、Hさんはそのような他者とは関わらずに無視すればいいのですが、無視するとHさん自身の自己像を安定させるために必要な賞賛が得られなくなってしまいます。

他者を軽視し、自分だけを特別視する姿勢をとるHさんのことを賞賛する人は職場には誰もいません。悪口ばかりを言う人を尊敬するわけがないからです。だから、Hさんの心は満たされず、悪口が止まらないのです。職場の誰かがお世辞で言った、Hさんを高く評価するような一言を、Hさんは真に受けて、それを、賞賛を渇望する自身の心に充填しながら日々を送っています。

ナルシシズムの高い人物が陥りがちなこのパラドックスの問題は、組織で実際に働く人にとって納得感が高いのではないでしょうか。海外文献でこのパラドックスはしばしば引用される、有名な話です。

■ビジネスとナルシシズムは関係する

ビジネス場面のナルシシズム研究の歴史はある程度古く、1980年代にはナルシシズムとリーダーシップの関係の検討が欧州の有名なビジネススクールなどにおいて既になされています[66]。その後、今世紀になってからも、ナルシシズムとリーダーシップの関係についての研究は精力的に続けられています[67]。

2010年代ごろになると、経営組織を明確に舞台としたナルシシズム研究の包括的な検討が見られるようになりました。有名なレビュー研究に、経営組織におけるナルシシズムを、以下の3つの構成要素で捉えることが有用であると報告したもの[68]があります。3つの構成要素とは、自己像、他者との関係、自己制御です。

自己像とは、自分をポジティブに捉え、自分は特別で唯一無二の存在であるといううぬぼれと特権意識を持ち、力と周囲からの尊敬を望むという特徴を指します。

他者との関係とは、他者への共感や愛着をあまり持たず、搾取的で浅薄な他者関係を持ちたがるという特徴を指します。

自己制御とは、膨張した自己像のメンテナンス方略のことで、他者からの賞賛などによって自己像を満たすことができたときに自尊心や人生の満足度が上がる一方で、それが失敗したときには、攻撃、心配、気分の落ち込みにつながるという特徴を指します。

日本国内でも、2020年ごろからわずかにビジネス場面におけるナルシシズムの研究が見られるようになりました。例えば、ナルシシズムの高い人は、その自己愛の高さと他者・組織への関心の低さから、企業組織における次世代の利益よりも自己利益を優先するため、望ましくない組織規範（企業組織における思考・行動の基準や判断の枠組みのうち望ましくないもの）であっても、次世代の組織のためにそれを見直そうと思わず、特に、その人自身のリーダーシップが低い場合に、その傾向が顕著になることが報告されました[69]。

わかりやすく換言すれば、ビジネス場面においてナルシシズムの高い人は、自分のことが好きで、他者への関心が低いため、次世代のことには興味があまりないということです。

日本国内では、近年の研究であっても、まだまだナルシシズムをネガティブに捉える認識が主流なように思えます。これは欧米のビジネス場面を対象にした研究動向との大きな違いです。

欧米では、2010年代ごろからビジネス場面でのナルシシズムのポジティブな面についての研究が相次いで見られるようになってきていると思います。

以降、本章は、ビジネス場面におけるナルシシズムのポジティブな面を中心にして論じますが、だからといってネガティブな面を軽視してよいということを強調するものではないことに留意してください。

2 ナルシシズムと出世

本節では、職場における組織行動とナルシシズムの関係について、ビジネスの世界では極めて重要な出世という観点から解説します。ナルシシズムがダーク・パワーとなって、出世につながるには何が重要なのでしょうか。

■職場の問題行動を生むナルシシズム

ナルシシズムとジョブ・パフォーマンスの関係についての世界的に有名なメタ分析が2010年代前半に報告されました。[70] 1950年代から2010年代前半までの大量の研究を扱ったものです。その結果、ナルシシズムはジョブ・パフォーマンスに関係ないということが示されました。

同じ研究で、ＣＷＢ（非生産的職務行動）についてのメタ分析結果も報告されました。ナルシシズムの高さはＣＷＢの多さと関係すること、そして、ダーク・トライアドのなかでナルシシズムが最も強くＣＷＢと関係することが示されました。

経営実践的に解釈すれば、ナルシシズムは、ビジネス上の活躍につながらず、職場での問題行動につながりやすいということです[71]。すなわち、ナルシシズムの高い人が持つ、自己の特権意識の高さ、職場の他者への共感性の低さ、脆弱性などは、職場でネガティブに働きやすいものと考えられます。

チームで動くような職場で、１人だけが特別扱いされたいと主張して、メンバーと距離を置き、自分の思い通りにならないと攻撃的な言動をとったり、気分が落ち込んで仕事に身が入らなくなったりするような人は、職場の問題社員だということです。

問題行動を多く起こす人は、低い人事評価が付されることが一般的です。そのため、組織での出世やそれに伴う高い給与を望むことはできません。

■ナルシシズムの高い人は高い給与を得ている

一方で、ナルシシズムの高い人は、実際に高い給与を得ているという実証研究[72]が２０１０年代半ばに報告されました。

一体、どのような背景があるのでしょうか。ナルシシズム研究をビジネスで実践できる知識に昇華するためには、単に「研究でこういう結果だった」というだけでは不十分であり、経営上の意思決定の説明責任を果たすために、そのメカニズムを考えなければなりません。

同研究では、それまでの数多くの研究群を総合して、ナルシシズムの高い人は、職場での自尊心、自己効力感、目標達成への動機が高く、高いキャリア目標を設定する、という特徴があることが述べられました。

さらに、ナルシシズムの高い人は、他者に対する自己の印象形成に関心が高く、より地位の高い仕事の獲得にそれが活きること、それが高い給与の獲得につながることも併せて述べられました。

つまり、高いナルシシズムは、職場での高い自尊心や自己効力感を生み、特別な自分にしかできない、すなわち他者にはできないような高い目標を設定して、それを達成することで誇大な自己像の実現をビジネス場面で目指す、ということです。高レベルな目標をもし本当に達成できれば、企業の人事評価の構造上、高い報酬が与えられることになります。

また、他者から特別扱いされるような印象を形成することによって、良い仕事をうまく獲得して、高い報酬を得るとも解釈されます。すなわち、求職活動と入社後の両方のタイミングでナルシシズムはポジティブに働き得るものだということです。

これらはナルシシズム人材[73]の持つポジティブなパワーです。同研究以外にも、ナルシシズムについて類似した結果を示した研究は、これまでに複数報告されています。

マキャベリアニズム人材と同様に、歴史的に報告されてきた反社会的な面を軽視してはいけませんが、だからといって、ナルシシズム人材を一律にネガティブに捉えるのは正しい理解ではなく、ビジネスにおいては向社会的な面があるということです。

ビジネスは熾烈な競争です。誰にもできないような極めて高い目標を設定して、その達成を目指す人は組織にとって貴重な人的資源です。

また、面接などの就職活動で、他の志願者よりも自己の印象を良いものに仕立て上げ、ポジションと給与の良い仕事の内定を得ることは、ビジネス世界における個人の生存戦略として重要なことです。

■就職活動で映えるナルシシズム

人事管理論の知見を含めて、なぜ、ナルシシズム人材が高い給与を得られるのか、ということをさらに経営的に深く考えてみましょう。

ナルシシズムを背景とする、自己のより良い印象形成と良い仕事の獲得行動は、近年の新卒採用動向を踏まえるとき、社会人早期段階からの給与差の発生と関連するものと読み解くことができます。

従来、日本企業の間では、新卒時の給与にそれほど大きな差はなかったと言ってよいと思います。

しかし、近年は、日本企業でも新卒で年収1000万円などの高い給与を獲得することが可能になっています。例えば、NEC（日本電気株式会社）は、国内外での人材獲得競争に勝つために、新卒で年収1000万円以上を獲得できる制度を2019年に導入しました。[74]また、いまや新興企業の域を超え、連結従業員数が約3000名になる、東京証券取引所プライム市場上場の株式会社ディー・エヌ・エーは、新卒で年収1000万円を獲得できる採用制度を導入しています。[75]その他の日本の大手・中堅企業でも類似の採用制度の導入が増えてきました。

この給与体系の実現には、「ジョブ型人事制度」が深く関わっています。従来のメンバーシップ型採用ではなく、ジョブ別に役割と報酬を定めた人事制度を背景にした、ジョブ型採用が日本企業でも普及し始めています。

つまり、学校を卒業して最初にどの仕事に就くかが個人の獲得給与に大きな影響を及ぼすという時代が到来しました。これまでのように、入社してから出世して給与を上げていく方法だけではなく、入り口の採用選抜時の競争をまず勝ち抜くことで高給与を獲得する道が開けたのです。

数多くの志願者のなかで自分を差別化するためには、高給与に見合うだけの目立って高い目標を設定すること、その達成に向けた動機が高く、その実現に向けたポジティブな自己像を有することを採用面接で効果的に伝達することが求められます。実証研究の知見を踏まえると、そのような局面でナルシシズムがポジティブに働く可能性があるということです。

グローバル規模での人材獲得競争が熾烈になるにつれて、日本企業でも新卒時の給与差がさらに広がっていくことでしょう。米国の先進ＩＴ企業に比べて、まだまだ日本の新卒時の給与は低いほうで、社員の給与についてもその傾向があります[76]。

ナルシシズムの高い人ならではの、一際目立つ高い目標に向けた達成行動、そしてそれを前提とした求職行動には、キャリア戦略として学ぶべきところがありそうです。ナルシシズムの高い人が、就職活動においてポジティブな印象を企業側に与えることは、他の複数の研究例でも度々報告されています。

■ナルシシズムが「昇進の見込み」につながるメカニズム

就職活動は比較的短時間の人物評価によってその成否が決定されます。採用面接は、それが数度繰り返される場合であっても、限られた短い時間内での人物評価です。

では、ナルシシズムの高い人は、短時間だけではなく、長期にわたる時間軸においても高く評価されるのでしょうか。それとも、短時間の選考では装いとおすことはできても、長期の時間軸ではナルシシズムのネガティブな部分が露呈してしまい、高い評価は得られないのでしょうか。

ナルシシズムの高い人への周囲からの高評価は短期的なもので、長期間は継続しないことを示す研究例が複数報告されています。ある研究[77]は、ナルシシズムに基づく周囲からの高評価は、いわばハネムーン（新婚旅行）のような結婚直後の一瞬の輝きであり、すぐに消え去ることを指摘しています。ビジネスを場面としない心理学研究では、このような認識が今日においてもある程度一般的なもののように見えます。

一方で、ビジネス場面においては、ある条件が整えば、約3年間という長期間にわたる場合であっても、ナルシシズムの高い人材が、上司からの高い評価を得ることがわかりました。2020年代に入ってからの新たな実証研究[78]によるものです。

オランダの労働者を対象にした同研究は、部下について、ナルシシズムの度合いとともに、職場における「センス・オブ・パワー」、すなわち自分が有している権限や影響力についての部下本人の認識、また「セルフ・プロモーション」、すなわち部下の能力・実績の上司へのアピール度合いについての部下本人の認識を測定しました。また、この部下を平均で約3年間見ている上司からの、この部下への評価を測定しました。

上司から部下への評価について、現在、部下が従事する仕事のジョブ・パフォーマンスをもとにした評価ではない、という点がこの研究の特徴です。上司から部下への評価は、「その部下が昇進する見込みがあるか」という評価軸でなされました。

「昇進の見込み」は、現在従事している仕事ではなく、昇進した後の上位ポストにおいてジョブ・パフォーマンスを発揮できるかという評価軸で見られることが一般的であり、日本企業の実務実態やこれまでの学術研究でもそのように捉えられることが多くあります。今の仕事のジョブ・パフォーマンスは、昇進した後の、今とは異なる大きな権限や影響力を有する上位ポストでのジョブ・パフォーマンスと同一であるとは考えられないためです。

同研究による調査分析の結果、セルフ・プロモーションは昇進の見込みにつながらないものの、ナルシシズムの高い部下が示すセンス・オブ・パワーが高い場合において、上司から昇進の見込みが高いと認識されることが明らかにされました。

つまり、これまでの複数の研究例を総合して解釈すると、ビジネス場面においては、たしかに、ナルシシズムの高さによってもたらされる周囲からの高評価は短期的である可能性が高いものの、ナルシシズムの高い人が、周囲に自分自身の権限や影響力を多く示すことができた状況においては、短期的ではなく長期的な上司からの高評価につながる、ということです。

■ナルシシズム人材が職場で高く評価される条件はセンス・オブ・パワー

この点は、ナルシシズムがビジネス場面でダーク・パワーとして機能するための状況を条件として示すものであり、経営実践において重要なため、以下に詳しく解説します。

オランダの労働者を対象にした実証研究で報告されたメカニズムを図4のパス解析結果として示しました。

「ナルシシズム」が同図の左に、「昇進の見込み」が同図の右に配置されています。その間に

図4 ナルシシズムと昇進の見込みのメカニズム

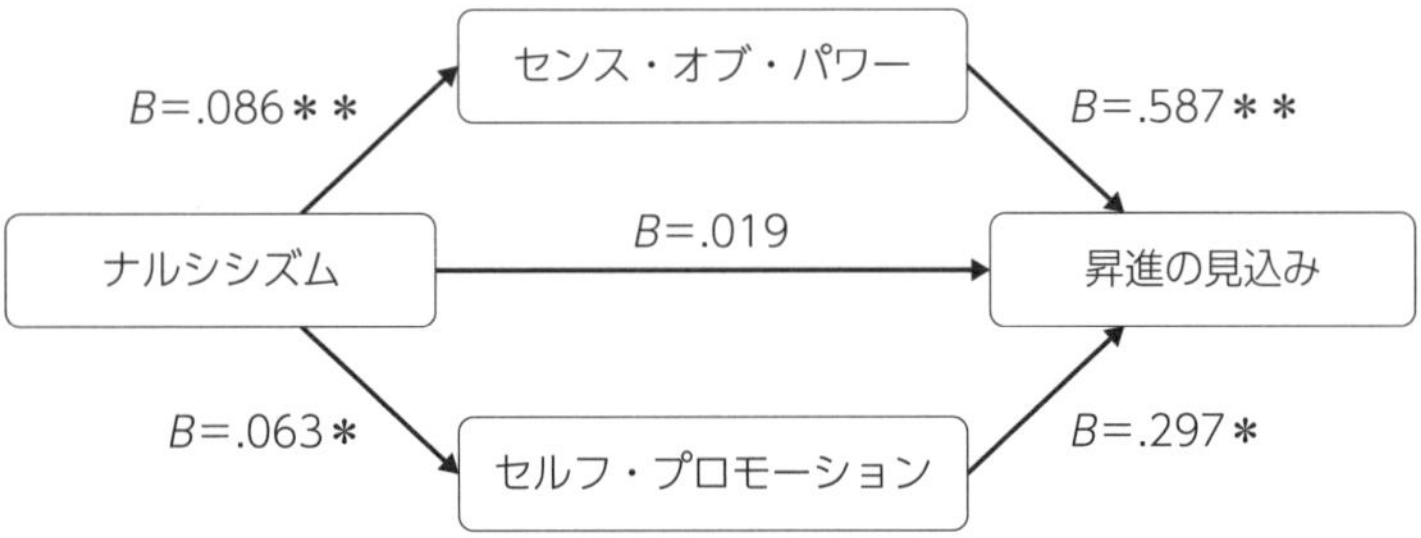

＊＊p<.01 ＊p<.05

出典：Nevicka & Sedikides (2021) Figure1を筆者により和訳

「センス・オブ・パワー」と「セルフ・プロモーション」があります。パス解析はこれらの関係性を明らかにするための分析手法です。

「ナルシシズム」は、「センス・オブ・パワー」と「セルフ・プロモーション」のどちらにも正の有意な影響を与え、また、「センス・オブ・パワー」と「セルフ・プロモーション」はどちらも、上司からの「昇進の見込み」の評価に正の有意な影響を与えました。

ただし、間接効果を分析した結果、「ナルシシズム」が「セルフ・プロモーション」を媒介して「昇進の見込み」に与える間接効果は有意ではありませんでした。一方で、「ナルシシズム」が「センス・オブ・パワー」を媒介して「昇進の見込み」に与える間接効果は有意でした。

つまり、高いナルシシズムが、上司からの昇進の見込みに正の影響を与えるのは、それがセンス・オブ・パワーを媒介した場合になります。部下が、周囲に対して、今の職位での範囲を超えた大きな権限や影響力を示すことで、上司から「あれだけ大きな動き方ができるのであれば、上のポジションでもやっていけるだろう」と認識されるものと解釈されます。

■人材育成の「ストレッチ」に馴染みやすい人

従業員は、今の職位で与えられた権限や影響範囲のなかで、通常は仕事をするものでしょう。

しかし、ナルシシズムの高い従業員は、特権意識や他者とは違う特別な自己像を持つため、今の職位で与えられた範囲を超えた働き方を進んでとることがあり、そのような行動としてナルシシズムが職場で表出された場合に昇進の見込みが高まるということです。

今の職位で与えられた権限や影響範囲を超えて動くことの是非については、状況依存性があります。

例えば、医療職のように職場における権限が法令によって定められている状況では、望ましくない行動です。

一方、経営実践や組織行動論では「ストレッチ」という、人材能力向上のための有名な概念があります。ストレッチとは、現在の保有能力や、今与えられている仕事の役割などを超えたチャレンジングな目標に向けて仕事をすることが、大きな成長につながるという考え方を指します。

社会人が業務経験から学ぶ、すなわち経験学習を促進するためにはストレッチが必要であることを指摘した研究例があり、また、一部の米国企業のリーダー人材育成プログラムにストレッチが取り入れられて、実践面で効果をあげています。

日本企業にもストレッチは普及しています。例えば、従業員数1万名を超えるIT企業のNECソリューションイノベータ株式会社では、「ストレッチな業務アサイン」を人材育成方針のひとつにしています。

同社では、現等級より一等級上の業務を行ってはじめて高い人事評価を得られる仕組みを導入しました。現等級よりも高いレベルの業務アサインを促進するとともに、その達成に向けた動機付けを従業員に対して行っています[79]。

今与えられている役割下で仕事を完遂することはもちろん重要ですが、上位の役割に進んでチャレンジし、そこでやっていけることを自身と周囲が感じるプロセスを通して、人物の昇進の見込みが判断される、というのはビジネス現場では珍しくありません。

ただし、ストレッチは必ずしもうまくいくわけではありません。上位の役割にチャレンジしても、能力、経験、心構えなどが不足していて成果をあげられないこともあるからです。

そのような困難なチャレンジに、性格特性としてのナルシシズムの高い人は積極的に取り組み、それを昇進見込みにつなげることがあります。ともすると自己像が実際よりも高い方向にインフレーションしがちなナルシシズムの高い人にとって、実際の役割よりも高い方向での働きを求めるストレッチによる人材育成は親和性が高いのだと思います。ストレッチによる人材育成がうまくいかないことに課題意識のある企業にとって、興味深い結果でしょう。

■サクセッションプランに適した人材をプールする

昇進の見込みは、組織側の人材育成制度と個人側のキャリア戦略の両面において重要なものです。

「サクセッションプラン」という制度を導入する企業が増えてきました。サクセッションプランとは、後継者育成のための社内管理制度を指します。

経営層のレベルはもちろん、主要な管理職レベルまで、重要なポストを次に任せられそうな次世代幹部の候補者となる従業員たちをあらかじめ全社的にリストアップしておき、それを人材プールとして管理して、計画的に後継者人材の育成を図るものです。日本でも多くの企業がサクセッションプランを導入しています。

例えば、連結従業員数6万名を超える株式会社小松製作所（コマツ）では、国内外における約７５０の主要なポジションを「グローバルキーポジション」と位置付けてサクセッションプランを策定し[80]、選定された後継者候補にはチャレンジングな課題やより大きな役割を与え、切磋琢磨させて、計画的な人材育成を図っています。

次世代を睨んだ制度のため、人材プールに含まれるのは、現在の仕事で高いジョブ・パフォーマンスをあげているのはもちろんのこと、より上位のストレッチした修羅場環境で高いジョブ・パフォーマンスをあげると見込まれる人です。

実際は、人材プールに一度含まれたものの、そこで高い業績をあげられずに人材プールから離脱する人も多くいます。今の仕事では高い業績をあげていても、ストレッチした仕事では困難に直面したようなケースです。

企業としては、より高いレベルでの仕事を苦にする人ではなく、成果をあげられる人を厳選して人材プールを形成することが経営管理上重要になります。候補者に経験させられるようなチャレンジングで成長につながり得る仕事は組織内で限られているため、限定されたチャンスを見込みのある人物に配分することが求められるためです。

まだ経験していない、チャレンジングな仕事で優れたジョブ・パフォーマンスをあげられる人材かどうかを組織が予測することは大変です。人物を見る軸が各取締役によって違いすぎて、議論がうまく着地しないこともあります。

ナルシシズムが全ての要因ではありませんが、ストレッチと親和性の高いナルシシズム人材の活用がサクセッションプランを成功させるための大きなポイントになるのではないかと思います。

■キャリア・アダプタビリティが能動的な組織行動に必要

個人のキャリア戦略としては、もし出世を目指す場合[81]は、この人材プールにいかに入るかが最初の勝負になります。人材プールに入るには、上司から「昇進の見込みがある」と評価されることが最低条件になります。

先ほど示した図4を従業員個人の立場で見ると、性格特性としてのナルシシズムを仕事場で行動としてそのまま発現することは、昇進の見込みを得るうえで大きな意味はありません。また、持ち前のナルシシズムでセルフ・プロモーションをしても意味はありません。大事なのは、上位のポジションでもやっていける、ということを示すような組織行動をとることです。

これは出世のためという短絡的な狙いに見えるかもしれませんが、コマツの事例が示した通り、組織として従業員に期待していることでもあり、社外のステークホルダーにその実現を公言していることです。従業員として、組織が目指す姿の実現を目指すという、組織人として当然の組織行動とも言えます[82]。

では、ナルシシズムの高い人が、上位のポジションで求められる役割を自ら進んで行うにはどのようなことを心掛ければよいのでしょうか。

ナルシシズムの高い人が、自ら能動的に仕事を考えるようなプロアクティブな姿勢を高く持つためには、キャリア・アダプタビリティの4C（関心、統制、好奇心、自信）が媒介する、というメカニズムが2020年代の研究[83]で明らかにされました。そして先述の通り、組織で働くうえで、プロアクティブ行動はジョブ・パフォーマンスを生み出すことが、経営学では古くから広く知られています。

経営実践上の解釈として、ナルシシズムの高い人であっても、その心を丸裸にして仕事をするのではなく、ワーク・レディネスを整えて能動的に、組織が求めるストレッチを行うことで、ジョブ・パフォーマンスが高まるとともに、昇進の見込みが認められるということでしょう。ナルシシズムをそのまま組織行動にしない、というのがここでの実践的なポイントです。

3 ナルシシズムとキャリア

ナルシシズムについて、ビジネスパーソンとしてのキャリアの観点から本節では解説します。ナルシシズムがダーク・パワーとなって、良いキャリアを生む要因になるには何が重要なのでしょうか。

■経営実践における条件特定の重要性

2010年代前半に発表されたメタ分析で、ナルシシズムの高さとジョブ・パフォーマンスは関係がなく、CWBの発生と関係があることが示されたのは先述した通りです。

しかし、2010年代半ば以降、例えば、ナルシシズムの高い人ほどビジネス場面で職位と報酬が高いことが明らかになるなど[84]、経営組織におけるナルシシズムの向社会的な面が数多くの実証研究によって明らかにされてきています。

つまり、メタ分析ではよく見えなかった個別の条件があるということです。いろいろな条件を平均してしまえば、たしかにナルシシズムは組織で特段高い業績を生むわけではないのですが、一方で、特定の条件下では、ナルシシズムが高い業績を生むということです。

実践的に考えれば、経営上の意思決定を行うのは平均的な条件下ではなく、自社における特定の個別条件下です。経済学が社会全体を見るのに対して、経営学は個社の視点から、どのような個別的な意思決定を行うのかを主眼にすることがあります。そのため、ナルシシズムも、どのような個別条件下で向社会的になるのか、という特定作業が極めて重要になります。

■高いナルシシズムが高い給与を生む条件とは

ドイツの労働者を対象にした調査研究[85]が2010年代半ばに報告され、ナルシシズムの高さが給与の高さにつながる条件が示されました。

同研究では、高いナルシシズムが高い給与につながる条件として、以下の3つが候補にあげられました。すなわち、①高いナルシシズムが、高い給与に直接影響する（＝条件を問わない）、②高いナルシシズムが、職場での自己効力感を介して、高い給与に影響する（＝職場での自己効力感が条件)、③高いナルシシズムが、プロアクティブキャリア行動を介して、高い給与に影響する(=プロアクティブキャリア行動が条件)、の3つです。

職場での自己効力感とは、自分は仕事をこなし、挑戦的な業務も遂行できるという信念を指します。先述したキャリア・アダプタビリティの4Cのうち、自信の概念に近いものです。

プロアクティブキャリア行動とは、自分のキャリアを伸ばすためのプロアクティブ行動を指します。自ら能動的にキャリアを切り開くために必要とされる組織行動であり、キャリア・エンゲージメントとも呼ばれます。同研究では、過去半年間にプロアクティブキャリア行動を実際にとったかどうかが測定されました。

先ほどあげた3つの候補のうち、統計的に有意な影響関係を示したのは、「②高いナルシシズムが、職場での自己効力感を介して、高い給与に影響する」という条件のみでした。すなわち、ナルシシズムは直接給与に影響を与えませんでした。単にナルシシズムが高く、自己像が高揚しているだけでは、組織で高く評価され、高い給与を獲得することはできないということでしょう。

ナルシシズムは、組織における望ましい形につながったときに、はじめて高い給与を獲得できるものと考えられます。高いナルシシズムが自己中心的な自己愛や、自分を特別視するという態度として組織で発現されるのではなく、それが仕事にしっかりと置き換えられて、自分は仕事をこなし、挑戦的な業務も遂行できるという信念に昇華されたときに、組織で高く評価されて高い給与を得るということでしょう。つまり、「自分軸」から「仕事軸」への意識転換ができるかどうかが条件になります。

実際に職場には、自分のペースや自分の生活を大事にするあまり、仕事に身が入っていない人がいます。そのような働き方を志向するのは個人の自由ではありますが、高い給与を得ることを指標にした場合には、職場での自己効力感をいかに持つか、が大事だということです。

■高いナルシシズムが高いキャリア満足感を生む条件とは

同研究では、ナルシシズムが、自分自身の「キャリア満足感」にどのようにつながるのかについての分析もなされました。いくら高い給与を得たとしても、自分自身がキャリアに満足していないのでは意味がありません。

分析の結果、ナルシシズムはキャリア満足感に直接影響を与えないことが明らかになりました。自己愛傾向が強く、自分のことが好きだからといって、自分のキャリアに満足できるわけではない、ということです。自分のことが好きであれば、キャリアでも何でも自分のことについては満足できそうにも思えるのですが、キャリアについてはそうではないことがわかりました。

一方で、ナルシシズムが、職場での自己効力感を介して、キャリア満足感に影響すること、また、ナルシシズムが、プロアクティブキャリア行動を介して、キャリア満足感に影響することが、統計的に有意な影響関係として示されました。

給与への影響分析と同じように、ナルシシズムの高い人がキャリア満足感を得るには、元々持っているナルシシズムが、仕事軸に置き換えられて、職場での自己効力感につながることが条件になります。

また、単に自己愛傾向が強く、自分は特別だと信じるのではなく、自分の未来の仕事に関心を持って、高い自己イメージを実際に将来反映できるようなキャリア開発行動を自らとったときに、はじめて自己のキャリアへの満足感が高く得られるということです。すなわち、ナルシシズムの高い人が高いキャリア満足感を得るうえでは、プロアクティブキャリア行動も条件になります。

■向社会性が混乱した結果、誰の何のためのダーク・パワーかわからなくなっている

経営学や組織行動論の数多くの研究が歴史的に示してきた通り、職務満足感は給与のみによって高まるものではありません。給与が高くても職務満足感が高いとは限らないのです。

例えば、ハーズバーグの2要因理論が世界的に有名です。職務満足感は、仕事の責任、達成、成長などの要因によって決定され、一方で、給与は職務不満足感の原因にはなるものの、それを高めても職務満足感が高まるとは必ずしも言えず、限定的な影響関係にとどまることを示した理論です。不満を解消しても、満足というポジティブな知覚状態にまでは至らないこと

を同理論は示しました[86]。

ナルシシズムを含むダーク・トライアドの向社会性については数多くの研究文献で議論されている最中ですが、向社会性には、高給与のような個人の経済的側面もあれば、キャリア満足感のような自己の心理的側面もあります。これ以外にも、ビジネス場面では、組織が求める業績などの組織の経済的側面、また、上司、同僚、部下、顧客などの他者の心理的側面もあるでしょう。

特に、これまでの国内研究では、これらの区別があまりなされておらず、ビジネス場面における向社会性とは一体何なのか、が同定されていないように思えます。それが、すっきりとしない曖昧な議論の原因になり、ビジネス実践への示唆に乏しい検討の温床になっているように思えます。

ナルシシズムの高い人が、自己への高い意識を職場での自己効力感に置換すると、それを条件として、高い給与が得られ、かつ、自分のキャリアへの高い満足感が得られます。個人の経済的側面と自己の心理的側面の両面にとっての条件に、職場での自己効力感がなるということです。

一方、プロアクティブキャリア行動の条件による効果は限定的です。キャリアへの高い自己満足感にはつながりますが、高い給与にはつながりません。

組織として、従業員に高いキャリアへの自己満足感を得ながら働いてほしいと願うときには、ナルシシズム人材にとって、職場での自己効力感とプロアクティブキャリア行動が有効です。自己効力感を高めるような上司からの指導を行ったり、キャリア開発に自ら進んで取り組みたいと思えるきっかけとなるような研修プログラムを提供したりすることが、具体的な経営施策となります。

個人として、ナルシシズムの高さを持ちながら、ビジネス界で経済的に成功したいと願うときには、プロアクティブキャリア行動は重要ではありません。未来のキャリアを切り開こうとするよりも、今、目の前にある職場で、自分は仕事を完遂でき、チャレンジングな業務にも取り組めるという意識を持つことが必要です。

つまり、何を向社会的とするかを明らかにしたうえで条件を位置付けなければ、誰の、そして何のためのダーク・パワーなのかがはっきりしません。

ダーク・パワーの内容がはっきり示されないと、特にビジネス界で働く人は、単純ですぐに結論を知りたがるため、「ダーク・トライアドが高い人は危ない」という、誤った理解に走る傾向があるようです。こういう人が多い組織が、本来は経営資源になる、従業員の心理的パワーのポテンシャルを捨て、そして、こういう誤解を持つ個人が、仕事で自分が輝ける道を捨てて、他者を誤った理解をもとに貶して、組織や社会を悪口大会にしてしまうのではないでしょうか。そういう個人がたまたま責任のあるポジションにいる組織も見かけますが、メンバーのモチベーションが下がり、非常に停滞しています。

■パワーを生むワン・オン・ワン・ミーティング

これまで述べた研究知見は、ナルシシズムの高い人材に対して、上司がどのような支援を行えばナルシシズムがダーク・パワーとしてポジティブな方向に働くのかについての示唆を豊富に与えてくれます。

近年、日本企業でも「ワン・オン・ワン・ミーティング」と呼ばれる、上司による部下支援のための経営施策が普及してきました。

例えば、連結従業員数がいまや3万名を超える楽天グループ株式会社は、ワン・オン・ワン・ミーティングを2017年に導入しました。[87] 上司と部下が毎週1回30分間の会議の場を持つなど、高い頻度で上司と部下が話す場を設けています。

部下が仕事経験から学び続けることを上司が支援することで、部下の内省を促進し、仕事への心構えを整える場になります。

また、そこでの話題は、現在の担当業務だけにとどまりません。例えば、パナソニックホールディングス株式会社のワン・オン・ワン・ミーティングは、日々の業務課題で感じていることだけではなく、将来のキャリアプランなども話し合われる場になっています。[88]

ナルシシズムの高い人材が自ら、職場での自己効力感を高め、プロアクティブキャリア行動を積極的にとって、職場で高い業績を示すこともあるでしょう。しかし、何らかの気づきやきっかけがなければ、元来有するナルシシズムが裸のまま強く発揮されすぎてしまって、組織で

CWBをとってしまう人材もいます。

経営実践上の解釈としては、そのとき、上司がワン・オン・ワン・ミーティングの場を使って、自己への高いイメージの方向性を仕事軸に転換するための助言をしたり、キャリアへの展望を一緒に考えたり、ストレッチできる仕事を一緒に考えたりすることで、ナルシシズムの高い部下のポテンシャルが、経営組織という舞台で花開くことを期待できます。

ナルシシズムがポジティブに働くための条件を特定する研究群は、経営組織において、上司がナルシシズムの高い部下に何を支援すればよいのかを示してくれるものです。このような知見の活用がタレントマネジメントの成否を分けます。タレントである社員を十分理解せずに、単にスキルなどをデータベース化してもあまり意味がありません。タレントが花開くための条件を知り、上司がそれを支援するための情報が管理され、それが実際に活用される経営施策が、真のタレントマネジメントです。

■ナルシシズムの高い達成欲求は、構造的に人事評価を高くする

ナルシシズムの高い人は、高い「達成欲求」を有することがこれまでの研究を通して広く知られています[89]。達成欲求とは、仕事に取り組むときに、すぐれた目標を立てて、それを高い水準で達成しようとする欲求を指します[90]。

企業の人事評価制度は、「MBO（マネジメント・バイ・オブジェクティブズ）」と「コンピ

テンシー評価」の2つの下位評価から構成されることが一般的です。

MBOは目標管理制度とも呼ばれ、従業員の業績評価に用いられます。MBOとは、期初に従業員が目標を設定し、期中の目標達成度を上司が期末に評価することで、従業員の処遇を決定する制度です。多くの大手企業で導入されています。

例えば、株式会社日立製作所では、個人の成長を会社の成長につなげる具体的な仕組みとしてMBOを導入しています。MBOを職場におけるキャリア開発の中心に位置付けて、従業員一人ひとりの意志・意欲を仕事に活かしていくことを目指しています。[91]

民間企業だけではなく、官庁でも業績評価として目標管理が取り入れられており、内閣の管轄の下にある人事院の公表資料に詳しく説明がなされています。[92]

コンピテンシー評価は、従業員の行動評価に用いられます。わが国におけるコンピテンシーの定義には多様なものがありますが、元々、コンピテンシーの概念には達成欲求との理論的接点があります。

コンピテンシー評価を用いている企業として、例えば、樹脂・化学品・繊維などの事業を展開し、連結従業員数1万名を超える株式会社クラレがあります。同社では、グローバルで共通の行動指標「クラレコンピテンシー5×5」を導入し、人材評価項目として活用しています。[93]

ナルシシズムの高い人が持つ高い達成欲求は、MBOにおける高い目標設定と目標達成につながりやすいものと解釈されます。また、その高い達成欲求は、コンピテンシーにおける高い行動水準につながりやすいと解釈できます。コンピテンシー評価の基準は、新卒や中途での人材採用基準とも関わるため、求職場面でも達成欲求は高い評価を受けることの一因になります。

教育場面や臨床場面、私生活場面とは異なり、ビジネス場面は、高い目標を立て、その達成に向けて取り組むというサイクルを高頻度で日々回すことに特徴があります。

たしかに、ナルシシズムの抱える問題は、これまで報告されてきた通りに数多いのですが、人事評価や人材採用面接などのビジネス場面は、ナルシシズムの持つ達成欲求が元々高く評価されやすい場面とも言えるでしょう。これまでの人事評価制度の成り立ち上、達成欲求は、基準として人事評価制度に強く埋め込まれているということです。

ビジネスを場面としない心理学研究では、ナルシシズムの高い人への周囲からの高評価はあくまでも短期的なものであり、長期間は継続しないことを示す研究例が複数報告されています。ナルシシズムの高い人に対する周囲からの高評価は、あくまでも砂上の楼閣にすぎないということです。

しかし、それはビジネス場面では考えにくいかもしれません。先述したように、ビジネス場面での約3年間という比較的長期にわたる評価で、昇進の見込みが高く得られたのは、ビジネス場面における人事評価構造とナルシシズムの持つ達成欲求の親和性の高さが一因なのではないかと推察されます。

ビジネス場面以外のナルシシズム研究は、経営実践においては参考にしながらも建設的疑問を持っておくのが大切でしょう。特にわが国では、ダーク・トライアド研究がビジネス場面以外で進められている傾向があるため、それらの知見を参考にしながらも、ビジネス場面については海外研究における知見を今後も注視する必要があります。ナルシシズムと人事評価構造の親和性の高さに鑑みれば、この情報戦への取り組みが、人材活用の先進企業となれるかどうかの分岐点になりそうです。

■ナルシシズムの適材適所

だからといって、ナルシシズムの高い人が、全ての状況において高い評価を組織内で得るとは限らないということには留意が必要です。経営組織におけるナルシシズムのポジティブな可能性は万能ではなく、ネガティブな面も認識しておく必要があります。

例えば、ナルシシズムの高さは、CEO（チーフ・エグゼクティブ・オフィサー）のサーバント・リーダーシップの高さと負の関係にあることが知られています。[94] 自分本人の業績創出には持ち前の達成欲求の高さが活きたとしても、他者への関心の薄さが、メンバーの成長を支援する場面では弱みとなってしまうのです。プレイヤーとしては優秀でも、部下の成長を支援する組織長としては優秀ではない、ということです。

しかし、それをもって、ナルシシズム人材を組織長にするべきではない、と考えるのはいかにも短絡的で、前時代的な発想です。誰しも弱みはあるので、それを上司や組織がどのように支援して、人材を活用するかが大事なのです。

例えば、ワン・オン・ワン・ミーティングの場を通して、メンバーの成長を支援する上司はどのような言動をとっているのか、を学習してもらうのも有効でしょう。また、メンターをつけることで、自分の弱みを客観的に知り、仕事での学びを通して新たな心構えを整えることも意味があります。

マキャベリアニズムと同様に、ビジネス場面ではナルシシズムは十分にポジティブにそのパワーを発揮し、高業績者の活躍の要因になることができます。その高業績の条件を考慮して、心構えを整えることができるかどうかが組織における人材活用の分かれ目です。

ナルシシズム人材の活躍条件を整理して、ダーク・パワーを発揮してもらうための施策を整えることができた企業は、ナルシシズムならではの特徴のある、個性豊かな高業績者を多く揃えることができる一方で、それを整えることができない企業では、社員のナルシシズムが裸のまま発現してしまって、ＣＷＢが多く発生してしまうのではないかと思います。現場でのＣＷＢが積もり積もると、大きな企業不祥事に発展してしまいます。

第5章

サイコパシー傾向のダーク・パワー

本章では、ダーク・トライアドのうち、サイコパシー傾向について解説します。サイコパシー傾向はいかにしてビジネス場面でポジティブなパワーにつながるのか、世界的な研究例を用いながら解説します。

1 サイコパシー傾向の基礎知識

■歴史と動向

サイコパシー傾向の科学的な起源は、１９４０年代の精神医学的見地による説明[95]に求められます。なお、その前にも、サイコパシーやそれが高い人としてのサイコパスを叙述的に論じた文献は存在します。

サイコパシーは、ナルシシズムと同様に、元々パーソナリティ障害に分類されていましたが、昨今の学術研究をもとにして、一般にも当てはまるパーソナリティ特性としての「サイコパシー傾向」が今日では概念化されています。つまり、精神疾患とは無関係の人であっても、性格特性の一部としてサイコパシー傾向を持ち得るということです。ビジネス場面でサイコパシー傾向を考える意義はここにあります。

サイコパシー傾向とは、他者と社会ルールへの関心が欠如しており、他者を傷つけることへの良心の呵責や罪悪感が欠如していて、衝動性を併せ持つ特性を指します[96]。これまでの研究を通して、サイコパシー傾向は、内面的特性と行動的特性による構造を有することが報告されており、内面的特性とは利己的で残忍など、行動的特性とは衝動的で反社会的などの内容を指します[97]。

■ビジネス場面ならではのサイコパシー傾向の特徴

サイコパシー傾向の持つ反社会性は、これまでに多数報告されてきました。ビジネス場面でもサイコパシー傾向が反社会的組織行動と関係し、正ではなく負の方向のアウトプットにつながるという報告[98]が多数なされてきました。

しかし、ビジネス場面ならではの以下の特徴があることにも気をつけなければなりません。ビジネス場面におけるサイコパシー傾向の反社会性が２０１０年代前半のメタ分析[99]によって確認されましたが、その関係性は他のダーク・トライアドの2つの特性（マキャベリアニズムとナルシシズム）に比べてとても弱いものでした。

具体的には、このメタ分析の結果、サイコパシー傾向とCWB（非生産的職務行動）の相関係数は正の値を示したものの、0・07と非常に低い水準でした。CWBとの相関係数について、マキャベリアニズムで0・25、ナルシシズムで0・43を示したのと対照的でした。

つまり、ビジネス場面におけるサイコパシー傾向は非生産的職務行動の増加と関係するものの、その程度は、平均的にはあまり強くないという特徴があります。

ビジネス場面以外のこれまでの研究では、ダーク・トライアドのうち、サイコパシー傾向が最も反社会的な性格特性であることを報告したものが複数見られます。しかし、ビジネス場面では、その逆の傾向があることを示唆するものです。

■多数報告される、ビジネスの成功につながるサイコパシー傾向

メタ分析は、膨大な数の研究群を収集して、そこにあくまでも平均的な傾向を見出すことを目的とした手法です。そのため、個別の研究に特有の条件で見られた結果が平均化の過程で捨象されてしまうこともあり得ます。例えば、ある特定の状況ではサイコパシー傾向がCWBの増加につながらず、むしろビジネス上の成功につながっていたとしても、メタ分析ではそれが十分に最終的な係数に反映されないということです。

ビジネス場面ならではの特徴は、２０１０年代半ばごろから今日に至るまで、サイコパシー傾向の高さとビジネス上の成功との正の関係性が盛んに論じられていることです。例えば、特定の条件下においては、サイコパシー傾向が高いほどビジネス場面でのジョブ・パフォーマンスが高いことを報告した研究もあります。

では、どのような条件があるのでしょうか。そして、それは職場における心構えによって整えられるものなのでしょうか。

以降、本章はこれらの問いに則った、サイコパシー傾向のポジティブな面を中心にして解説します。ただし、だからといってネガティブな面を軽視してよいということを強調するものではないことに留意してください。

2　サイコパシー傾向と上司

職場において上司の存在は非常に大きいものです。部下の成長はもちろんのこと、チームの業績に大きな影響を与えるのが、上司の働きぶりです。

かつての研究では、サイコパシー傾向について、上司の心理面での弱みや問題として捉えたものが多く見られました。しかし、近年の研究は、そうとも限らないことを解き明かし始めています。

また、サイコパシー傾向を全体的に捉えるのではなく、細かい下位概念に分類した緻密な研究も近年は進められています。それによって、サイコパシー傾向を全体的に捉えた場合とは異なる、サイコパシー傾向の下位概念と上司の働きぶりの関係性が詳細に報告され、経営実践の示唆に富むものになっています。

■サイコパシー傾向を下位概念で緻密に捉える

2020年代に入ってからの実証研究[100]は、実際のビジネス場面でデータを収集し、それをもとに、上司のサイコパシー傾向とタスクパフォーマンスの関係性を示しました。

同研究は、ベルギーの製造業やサービス業などの組織で実際に働く178組の上司と部下を対象に調査を行いました。対象者の平均年齢は、上司が46・2歳、部下が39・6歳でした。

タスクパフォーマンスとは、与えられた職務上の役割を達成することを指します。例えば、「仕事を徹底的に完遂しているか」「仕事において高いクオリティを目指しているか」などの項目について、平均して約6年間、その上司の下で働いている部下が、上司の働きぶりを評価しました。

サイコパシー傾向を構成する下位概念として、同研究では3因子構造が用いられました。3因子とは「恐れ知らずの支配性」「利己的な衝動性」「冷淡さ」です[101]。

同研究において、「恐れ知らずの支配性」とは、例えば、皆が自分に対して怒っていても、自分の魅力でその皆を説き伏せることができると思うことなど、恐れを感じずに、対人関係を捉える傾向性を指します。

「利己的な衝動性」とは、例えば、組織のルールを気にせず、自分がその時々でルールを作ればよいなどと考える、計画性のない、衝動的な傾向性を指します。

「冷淡さ」とは、例えば、自分の言ったことで相手が傷ついても、それは相手の問題だと思うことなど、感情に乏しい傾向性を指します。

一口にサイコパシー傾向と言っても、3つの意味があるということです。この細分的な理解が進んだとき、サイコパシー傾向の持つダーク・パワーを活かすチャンスが緻密に生まれます。

■利己的な衝動性が高くても、仕事に勤勉でタスクパフォーマンスの高い上司がいる

同研究では、興味深い、発展的な知見が報告されました。

サイコパシー傾向の下位概念の利己的な衝動性が高い上司でも、タスクパフォーマンスが低いわけではなく、むしろ利己的な衝動性の高い上司ほどタスクパフォーマンスが高いことが示されたのです。

ただし、それには条件がありました。条件とは、性格特性としての勤勉性が高いことです。

図5に示した通り、勤勉性が高い上司の場合、概ね、利己的な衝動性が高くなるにつれてタ

図5 サイコパシー傾向とタスクパフォーマンス

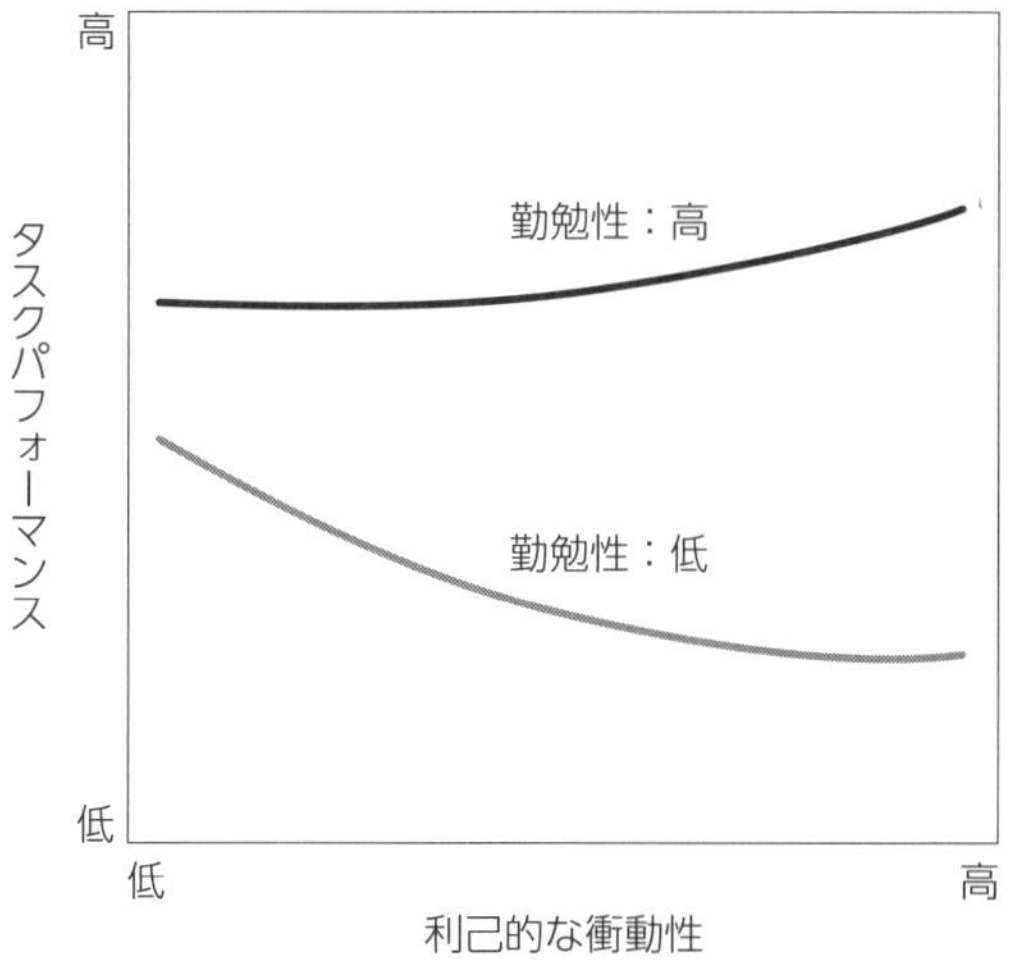

出典：Vergauwe et al.（2021）をもとに筆者作成

スクパフォーマンスが上昇しました。一方で、勤勉性の低い上司の場合には、利己的な衝動性が高くなるにつれてタスクパフォーマンスが下降しました。

職場には利己的で、衝動的な人がいます。自分が思い立ったら、そのときに行動しないと気が済まない人です。そのような人のなかにも、仕事の品質には厳しく取り組む勤勉な人はいます。

図5の経営実践的な解釈としては、そういう人の場合は、サイコパシー傾向の利己的な衝動性という構成要素が高くても問題はなく、むしろ、その衝動性が仕事においてポジティブな活動量の多さにつながり、多様な活動を通

して、仕事の品質がさらに向上するということでしょう。

特に、ダーク・トライアドのこれまでの研究で見られたように、その成功は短期的なものではないというところに注目すべきです。約6年間、その上司を見てきた部下によるタスクパフォーマンスの評価をもとにした分析のため、中長期的な評価と言えます。

利己的な衝動性は、これまで望ましくない特性として主に捉えられてきました。しかし、利己的な衝動性という面でのサイコパシー傾向が高いからといって、それだけで上司のタスクパフォーマンスが低くなるわけではありません。勤勉性という他の性格特性との組み合わせによって、上司のタスクパフォーマンスの高低を検討すべきだということです。

近年の研究は、「サイコパシー傾向が高いからジョブ・パフォーマンスが低い」という単純な話を超越し始めています。ビジネス場面における、人間のパフォーマンスの出方が、より細かくわかり始めているのです。人材採用や人材活用に使えるレベルにまで粒度が細かくなってきています。

■人事評価と多面評価の構造

経営組織における人事評価制度下では、一般的に、上司によって部下の評価がなされます。経験や能力が上の者が、下の者を評価することが合理的と考えるためです。評価者は上司、被評価者は部下という一般的構造がそこにはあります。

一方、多面評価制度（または360度評価制度）という経営施策があります。これまでに経営学で多くの研究が蓄積されてきた分野です[102]。

多面評価制度とは、上司からの評価だけでは見えない、普段のその人の働きぶりをいろいろな立場の人が評価することで、評価される人（被評価者）に気づきを与えて成長を促す経営施策です。企業によっては、多面評価の結果をインテグリティ（人物としての高潔さ）と結び付けて、管理職や経営幹部への昇進・抜擢基準にすることもあります。

例えば、従業員数6000名を超える、生活用品の企画・製造・販売を行うアイリスオーヤマ株式会社は、徹底した360度評価を導入しています。

同社の一般社員は、上司だけではなく、同僚、部下、関連部署の約9名から多面評価を受けます。また、幹部社員となると、所属部署や等級によっては計数十名にもおよぶ評価者（上司、同僚、関連部署、部下）から多面評価を受けます。さらに、社長を含む役員クラスも対象になり、直属の部下から評価を受けます。

同社では、多面評価によって、周囲からどう評価されているのかの気づきが経営層、幹部社員、一般社員に与えられ、自分の強みや弱みを謙虚に受け止める機会になっています[103]。

多面評価制度の下では、一般的な人事評価制度とは異なり、評価者は部下、被評価者は上司などの多面的な構造が設けられます。

図5に示した研究の特徴は、上司のタスクパフォーマンスについて、上司の自己評価ではな

く、部下からの評価を用いた点、すなわち部分的な多面評価がなされた点にあります。

■ダーク人材のイメージとは異なる多面評価の結果

同研究では、上司による評価ではなく、普段の姿が出やすい部下からの評価結果をもとに、利己的な衝動性が高い上司であっても、その面だけを原因にして部下からの評価が低くなるわけではないことが示唆されました。

職場におけるダーク人材[104]というと、上司にばかりいい恰好をして、部下には冷たい、というイメージを持つ人が少なくないようです。しかし、それは誤解であることを同研究は示しています。利己的な衝動性が高いからといって、部下から低く評価されるような、いわゆるダメ上司になるわけではなく、むしろ仕事のできる上司として評価されるということです。

「サイコパシー傾向の高い人は上司に向いていない」というようなイメージのみで議論しているうちは、組織で働く人の複雑な姿をいつまでたっても捉えることができません。企業経営の現場では、観念的な議論ではなく、今いる人材をいかに有効活用するかが大事です。

サイコパシー傾向の一部が高い上司だからといって、それだけを理由に処遇を決めてしまうような、底の浅い意思決定をする企業は、いつまでたっても人材のフル活用ができず、「もっと良い人材がうちにいればなぁ」という夢物語にとらわれてしまいます。

また、これまでのダーク・トライアド研究では、成果指標としてジョブ・パフォーマンスが多く用いられてきました。ただし、一部の研究では、ジョブ・パフォーマンスについて、人事評価と多面評価の構造が適切に理解されていないものもあるように思えます。ジョブ・パフォーマンスの裏側にある、評価者と被評価者の構造を理解することが重要です。

すなわち、上司が部下を評価する構造からなるジョブ・パフォーマンスの指標では、部下からしか見えない働きぶりが適切に反映されていない恐れがあります。それでは、「上司には手厚く、下には冷たい」というような、その人の本当の姿が見えてきません。特にダーク・トライアドの高い人を分析する場合に、このようなジョブ・パフォーマンスを指標として用いては、職場での働きぶりはなかなか見えてきません。

人事評価の一般的な評価者―被評価者構造では見えない、多面評価ならではの評価者―被評価者構造によって、ダーク人材の職場での姿がよりはっきりと見えてきます。

■勤勉性の心得

勤勉性は、さまざまなジョブ・パフォーマンスと正の関係を示す性格特性であることが歴史的に多数報告されてきました。ジョブ・パフォーマンスにつながる性格特性と言えばまずは勤勉性というほど、経営分野の学術研究では世界的に広く知られています。

１９９０年代に報告されたメタ分析[105]が極めて有名です。同研究は、１９５０年代から１９８０年代までになされた、ビッグファイブとジョブ・パフォーマンスの関係性についての実証研究を117個集めて、2万人以上を対象にメタ分析を行ったもので、人間の性格特性の5因子（ビッグファイブと呼ばれる、性格特性の代表的理論。5因子とは外向性、協調性、勤勉性、情緒安定性、開放性）のうち、勤勉性がジョブ・パフォーマンスと最も強く関係することを示しました。

その他の研究でも、勤勉性がジョブ・パフォーマンスと正の関係にあることがこれまでに報告されています[106]。

では、この勤勉性を高めることはできるのでしょうか。

この問いについては、性格特性の可変性と安定性の論点として、さまざまな研究によって異なる見解が提出されていますので一概には言えませんが、大きな方向性として、社会人の場合には、劇的にたやすく変えられるものではないものの、変わり得るものとして理解することができると思います。

そのため、サイコパシー傾向の利己的な衝動性の高い人であっても、勤勉性を高めれば、タスクパフォーマンスについての部下評価を高めることができ、部下から仕事のできるリーダーだと思われるようになる、ということです。

年齢に応じた勤勉性の変化を研究したメタ分析[107]によって、22歳から50歳、60歳から70歳の間に勤勉性を高められることが報告されました。

その変化の理由について同研究は、「人生経験と経験からの学び」であることを考察として述べました。社会生活を送り、仕事上の役割を果たしてキャリアを確立するなかでの学びが勤勉性を高めるということです。

例えば、勤怠に厳しく、タスクパフォーマンスの質へのこだわりが強い職場で働く人は、その職場での要求を満たすことで承認され、それを満たさないことで罰せられ、場合によっては職を失うこともあります。これが原因になり、個人は徐々に勤勉性を高めるということです。

■経験学習で勤勉性を高める

では、どのように経験から学べばいいのでしょうか。

職場での人材育成に経験学習の考え方を取り入れる企業が増えてきました。例えば、従業員数3万名を超える日本郵船株式会社は、グループ経営の中核となる人材の育成に、現場での学びを促進するための経験学習の考え方を取り入れています。[108]

経験学習についての世界的なモデルにコルブの経験学習サイクル[109]があり、経験から学ぶためのプロセスが明確に定められています。そのプロセスとは、「具体的経験」「内省的観察」「抽象的概念化」「能動的実験」の4つです。

まず、具体的経験をします。例えば、タスクパフォーマンスの質へのこだわりが強い職場で働くというのも、具体的経験のひとつです。そして、大事なのがその振り返りである内省的観察です。その職場で働いたとき、自分の何が良くて何が悪かったのか、改善すべきところはないか、といった振り返りを行ったときにはじめて学習は進むのです。

誰にとっても失敗は辛い経験です。振り返りたくもないと思って、早く忘れようとしていないでしょうか。しかし、それでは学習は進みません。失敗を糧にしないと、人間は学び成長しないということです。

失敗経験から感情的に、そして反射的に逃避したくなる人であっても、すなわち、経験学習を元々苦手とする人であっても、歯を食いしばって失敗と向き合うことはできます。上司の指導によってその促進ができる人もいます。こういう人が経験から学べる人です。

例えば、大学入試の模擬試験で散々な成績をとったとき、根性を振り絞ってどこを間違えたのか、どう答えればよかったのかを振り返った学生が、学力を高めて、その経験から勤勉に取り組む姿勢を獲得し、その後の人生に役立てるのと同じようなものです。

内省的観察を経て、抽象的概念化をします。これは振り返った内容を次に活かせるようにすることです。そして、能動的実験はそれを試すことです。考えるだけで止まってしまって、腰が重くて動けない人は、学習を進められないということです。

経験を積もう、経験を内省しよう、次に活かせるようにしよう、実際にやってみよう、と心掛けることで勤勉性は高まります。利己的な衝動性が高いという面でのサイコパシー傾向が高い人でも、そのような心構えを持とうと認知的に心掛けることはできます。衝動性が高く、半ば反射的に勤勉ではない行動をとってしまいがちな人であっても、自分を律しようという目標を立て、仕事に向き合うことはできます。

この自分を律するというのは、先述したキャリア・アダプタビリティの4Cのうち「統制」に相当します。キャリア・アダプタビリティの研究が提言するように、統制する力を心構えによって後天的に獲得することは可能です。

3 サイコパシー傾向と問題行動、エンゲージメント

本節では、サイコパシー傾向と問題行動、エンゲージメントの関係性を解説します。サイコパシー傾向がダーク・パワーとなって、良い組織行動を導くには何が重要なのでしょうか。

■「恐れ知らずの支配性」が高くて対人スキルが低いときに問題行動が発生する

ビジネス場面において、サイコパシー傾向のポジティブな下位概念として注目されているのは、利己的な衝動性だけではありません。2010年代半ばごろから、恐れ知らずの支配性にも注目が集まっています。

恐れ知らずの支配性は、利己的な衝動性や冷淡さと並び、サイコパシー傾向の代表的な構成要素のひとつとして歴史的に広く知られています。

恐れ知らずの支配性とは、先述した通り、例えば、皆が自分に対して怒っていても、自分の魅力でその皆を説き伏せることができると思うことなど、恐れを感じずに、対人関係を捉える傾向性を指します。恐れ知らずの支配性の高い人は、リスクを積極的にとること（リスクテイキング）への高い志向性を持つという特徴も、これまでの研究で報告されています[110]。

ドイツで働く労働者とその同僚の対の計161組を対象にした、恐れ知らずの支配性とCWBとの関係性についての実証研究が2017年に報告されました[111]。労働者本人の平均年齢は42歳で、その労働者のCWBを評価可能な同僚が選定されました。同僚による評価であることから、上司や部下には見えない、本音も含めた普段の働きぶりが評価されたものと思われます。

また、CWBは組織に対するものに限定されました。例えば、横領、詐欺などが組織に対するCWBに該当します。

分析の結果、労働者本人の恐れ知らずの支配性が高くかつ対人スキルが低いときに、CWBが多く発生することが明らかになりました。

一方で、恐れ知らずの支配性が高くても、対人スキルが高いとCWBが少ないことも示されました。これらの結果をまとめたものが図6です。

恐れ知らずの支配性という面でのサイコパシー傾向が高いからといって、CWBを生むわけではありません。恐れ知らずの支配性の高さと対人スキルの低さがセットになったときに、

図6 サイコパシー傾向とCWB

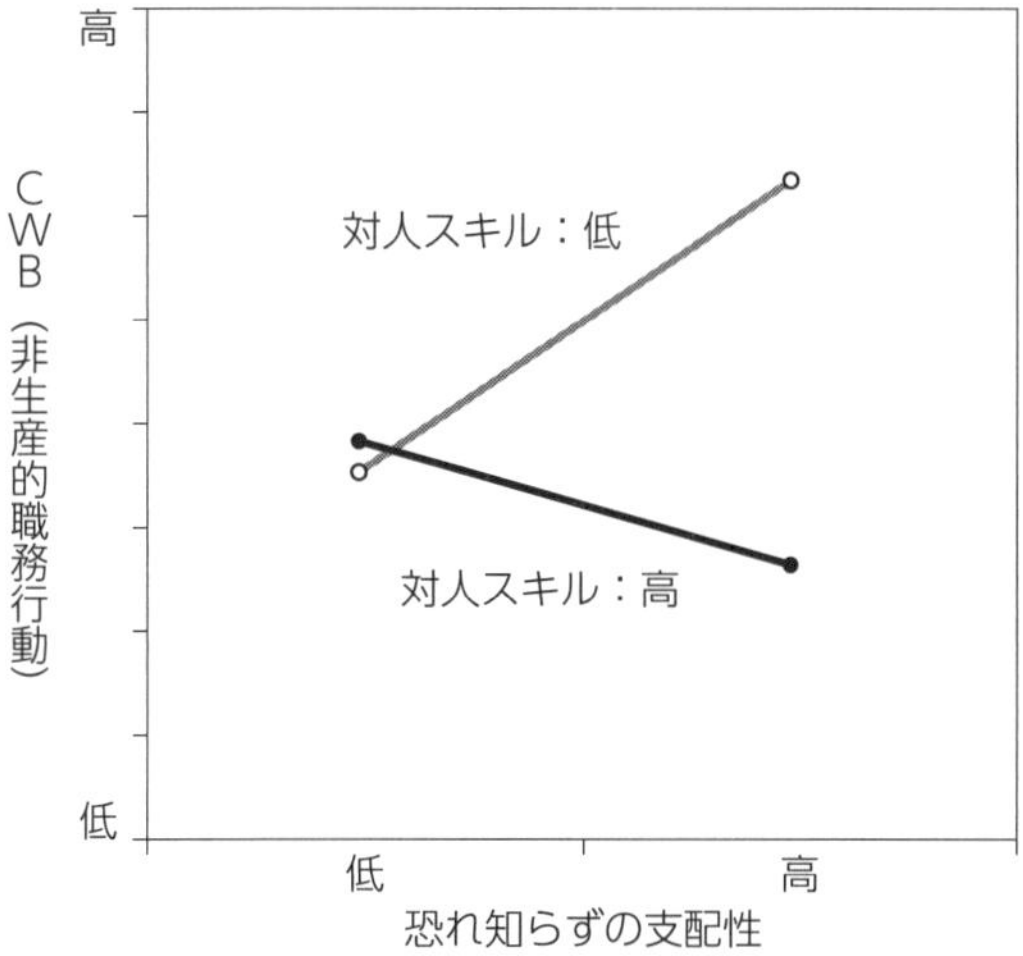

出典：Blickle & Schütte（2017）をもとに筆者作成

CWBを多く生むということです。

■対人スキルの重要性

同研究で測定された対人スキルとは、「私は他者と気楽に、また効果的に意思疎通ができる」「私はほとんどの人と容易に良い信頼関係を築くことができる」などの項目から構成されたものです。

恐れ知らずの支配性とは、繰り返しになりますが、例えば、皆が自分に対して怒っていても、自分の魅力でその皆を説き伏せることができると思うことなど、恐れを感じずに、対人関係を捉える傾向性を指しますが、実際に対人関係を円満に築くスキルが備わっていれば、特段恐れ知らずとは言えず、問題行動にはつながりにくいということでしょう。

世界的に有名な調査結果で、経営組織における上級管理職（経営陣）のサイコパシー傾向の得点が一般の人よりも高いことを報告したものがあります[112]。経営実践的な解釈をすれば、恐れ知らずの支配性のように、対人スキルが低い場合には問題行動につながる性格特性でも、経営陣のように、対人スキルを含む多くのスキルを高い水準で有している場合は、うまくそれらを総合的に扱って、問題行動とは逆の方向で組織行動を発揮していると見ることができます。

■調査研究とは違う組織行動発現の本当のメカニズム

心理学や経営学の調査研究では、変数の統制が徹底されます。例えば、サイコパシー傾向がCWBに与える影響を調査したいときには、サイコパシー傾向以外の変数がCWBに与える影響可能性を排除することが求められます。それによってサイコパシー傾向がCWBに与える影響に、論点を焦点化することができるわけです。

しかし、CWBはかなり幅広い組織行動のため、それに影響を与える心理的特性を全て網羅することは不可能です。その結果、調査研究で統制される変数の数や範囲には限界が生じ、調査研究で想定された変数以外の変数がCWBに影響を与えている可能性は否定できません。

図6に示した通り、恐れ知らずの支配性がCWBに与える影響は、その人が持つ対人スキルによって調整されました。古典的な、「恐れ知らずの支配性→CWB」という単純な関係性か

ら一歩進んで、対人スキルという変数を考慮すると、影響関係の深いところがわかりました。経営実践において、各特性や各スキルが単体で原因となって組織行動として発現されることは稀であり、通常は複数の特性やスキルが相互に関連し合います。

例えば、ネット通販大手のアマゾン・ドットコムは、自社のリーダーシップを「リーダーシップ・プリンシプル」として16個に分けて定義しています。[113]「リーダーはまずお客様を起点に考え、お客様のニーズに基づき行動します」「リーダーは学ぶことに貪欲で、常に自分自身の向上を目指し続けます」「私たちは少ないリソースでより多くのことを実現します」「リーダーは注意深く耳を傾け、率直に話し、誰にでも敬意をもって接します」などがその例です。

これらの心構えは組織行動と1対1で対応しているわけではなく、これらを総動員してリーダー行動が発揮されることがほとんどです。すなわち、リーダーが行うチームとしてのお客様対応行動を例にすると、顧客接点にいるメンバーからの情報に注意深く耳を傾けながら、数少ないリソースで最大の効果を発揮しようとして、新たな手法や社内の成功・失敗事例を参考にしつつ、目の前のお客様のニーズにどのように対応するかを検討し、行動に移す、というようなイメージです。

つまり、心理学や経営学の調査研究では、統制のために変数を限定した結果、サイコパシー傾向が高ければCWBが多く発生する、という比較的単純な結果が導出されるのですが、経営実践では、極めて数多くの心理的要因が相互に関係し合った結果の総体として組織行動が発現されるため、要因分解的なアプローチが馴染みません。数多くの要因が相互に影響を与えるようなモデルで、本来は分析されるべきなのです。

ビジネス場面における近年のダーク・トライアド研究は、全てではないものの変数となる特性やスキルを追加したことで、より経営実践における組織行動発現のメカニズムに近づき、それがサイコパシー傾向を含むダーク・トライアドのポジティブな影響を明らかにすることにつながっています。

■人生100年時代の社会人基礎力

経営組織で働く社会人としての基礎的な力を経済産業省が定めた「人生100年時代の社会人基礎力」にも、組織行動発現のメカニズムを見て取ることができます。

社会人基礎力とは、「前に踏み出す力（アクション）」「考え抜く力（シンキング）」「チームで働く力（チームワーク）」の3つの力で構成されるものです[114]。社会人として働くとき、考え抜くだけでは結果を生み出せず、アクションを伴わなければなりませんし、アクションやシンキングは1人ではなくチームで進める必要があります。これらの3つの力が相互に関係し合うということです。

さらに、関係の仕方にも示唆があります。

チームで働く力の構成要素のひとつに「規律性」があり、社会のルールや人との約束を守る力と定義されています。

組織の成長戦略上、既存事業を単に運営するのではなく、新たなアイデアや事業の創出が強く求められるときがあります。そのとき、規律性のように、ルールを守るだけではジョブ・パフォーマンスを生むことはできません。

考え抜く力の構成要素のひとつに「創造力（新しい価値を生み出す力）」があります。規律性だけではなく、創造力がセットになれば、新たなアイデアを生み、その確実な遂行に向けて規律的に取り組むことが期待されます。そのときには規律性単体では難しかった、ジョブ・パフォーマンスを生むことができるかもしれません。

職場における組織行動とはそういうものです。単体では問題がありそうに見えても、他の特性や能力との組み合わせによって問題がないどころか、望ましい成果が得られるということもあります。

ダーク・トライアドはたしかに、経験に乏しく、スキルや心構えがあまり備わっていない学生期などには、そのネガティブな方向性の強さが行動に比較的そのまま反映されるのかもしれません。

しかし、ビジネス現場で働く社会人は、業務経験によってスキルや心構えを多く身につけています。職場での組織行動は、ダーク・トライアドを含む性格特性だけではなく、スキルや心構えを総動員して、その状況で求められる行動とは何か、自分が出したい成果とは何か、などに思いを巡らせたうえで導出されています。そのメカニズムのなかで、単体ではネガティブな行動を生みやすいかもしれないダーク・トライアドが、ポジティブなパワーになるということです。

■酷い上司の下でもワーク・エンゲージメントの高い部下がいる

近年、ビジネス現場における、総体としての組織行動を捉えようとする研究が盛んに報告されるようになってきました。多くの研究は、サイコパシー傾向が高ければCWBが増すというような、単純な方程式ではなく、ビジネス現場の複雑なメカニズムを捉えることを目指しています。

2019年に報告された実証研究[115]は、サイコパシー傾向を、情動性の欠如などの一次性サイコパシーと、衝動的行動などの二次性サイコパシーに分けた[116]うえで、一次性サイコパシーの低い部下は、酷い上司の下だとワーク・エンゲージメントが下がるのに対して、一次性サイコパシーの高い部下は、酷い上司の下でもワーク・エンゲージメントが下がらず、むしろ上がることを報告しました。

つまり、一次性サイコパシー傾向とワーク・エンゲージメントの二項間関係ではなく、そこに「酷い上司の存在」という条件を加えたのです。

同研究において、酷い上司とは、部下を嘲笑し、部下に失礼な態度を示すなどの上司を指します。酷い上司は、組織行動の望ましくない形態として、国際的に「abusive supervisor」という概念で、経営学で盛んに研究されています。

ワーク・エンゲージメントとは、仕事への活力、熱意、没頭が整った、前向きで充実した心の状態を指します。ワーク・エンゲージメントは、国内外の経営学や産業・組織心理学の一大研究分野であり、日本国内の企業でも実践が進められています。

例えば、従業員数約１７００名の、不動産情報サービス事業などを展開する、東京証券取引所プライム市場上場の株式会社ＬＩＦＵＬＬは、従業員のエンゲージメントを重視しています。同社は、従業員を「経営理念の実現のために集まった同志」と定義して、一人ひとりが自身の才能を開花させながら、さまざまな挑戦ができるように社内制度や環境を整えています。また、年に2回、組織状況を把握して改善するためのエンゲージメントサーベイを実施しています[117]。

先ほど述べた２０１９年に報告された実証研究では、過去1か月の業務を振り返り、そこでのワーク・エンゲージメントについて部下本人が回答したデータを収集しました。

一般的に、酷い上司の下では、部下のワーク・エンゲージメントは低くなります。酷い上司の下では部下の不満が募り、退職が増加することが、これまでの数多くの研究で知られています。

同研究で一次性サイコパシー傾向の低い部下は、酷い上司の下でワーク・エンゲージメント

図7 サイコパシー傾向とワーク・エンゲージメント

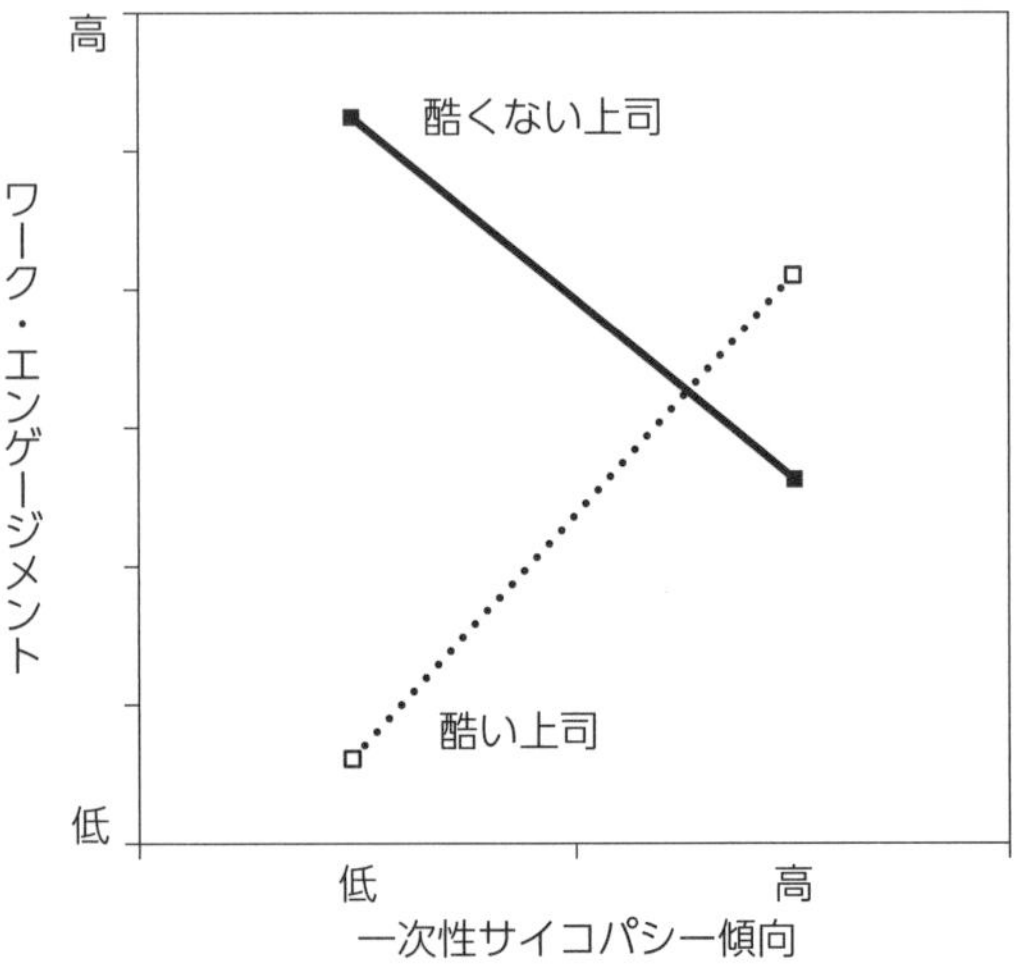

出典：Hurst et al.（2019）をもとに筆者作成

がたしかに低くなりました。しかし、興味深いことに、一次性サイコパシー傾向の高い部下は、むしろ酷い上司の下でワーク・エンゲージメントが高くなったのです（図7）。

■酷い上司の存在が自らの勝機になる

ワーク・エンゲージメントを含む、部下のやる気全般についての幅広い常識に、上司は酷い上司であってはならない、というものがあります。そのような常識を覆すこの結果について、同研究は以下のように考察をしています。

一次性サイコパシー傾向の高い部下の場合、自分自身も周囲に対して酷い言動をとることがあります。他者の感情に疎く、冷淡な態度を職場でとるためです。

そのような部下にとって、酷い上司が組織で認められて昇進し、上司としてリーダーシップを発揮するポジションにいることは、組織がそのような人物を認めている、または黙認していると捉えられるのです。

サイコパシー傾向の高い人は、これまでの複数の研究を通して、支配性が発揮しやすい高い地位を望むことが知られています。そのような支配性や地位への欲求を組織で実現可能だということを、酷い上司の存在を通して部下が感じるときに、部下の仕事へのポジティブな感情状態が生まれます。

■酷い上司でも気にならない部下がいる

サイコパシー傾向の高い人は、冷淡さを持つことも知られています。情動的な反応が薄いことが生理学的にもわかっています。

サイコパシー傾向の低い人が、職場の人間関係を通した愛着性をある程度重視して、それによって人間関係を原因にストレスを感じるのに対して、サイコパシー傾向の高い人は、人間関係への情動的な関心や反応が元々比較的低く、だから上司の酷さによって自分が傷つくというようなことがあまりない人だということです。

職場には、人間関係を重視する人がいますが、実際に人間関係への満足度が高いかというと必ずしもそうではありません。人間関係を重視するあまりに、自分と合わない人への心理的負担が大きくなって、人間関係への不満が溜まりやすいという面があります。自分と同じような、人間関係を大事にする人が同じチームにいる状況であれば輝ける人です。

人間関係には元々ほぼ関心がないものの、仕事における規範意識やタスクとして人間関係が悪化しないように表面的に振る舞おうとするくらいの人が、実は職場での人間関係に満足していることがあります。人間関係に起因した心理的負担があまりないために不満も少なく、飄々と職場を生き抜ける人です。

ビジネス場面は、学校教育場面や私生活とは異なり、自分と合う人とばかりつるむわけにはいかないという特徴があります。日々、職場で顔を合わせるチームの構成員は、人間関係への関心が合うかどうかではなく、仕事上の役割によって選別されて、組織として構造化されます。そのようななかで、学校教育場面や私生活とは異なる、ビジネス場面ならではのサイコパシー傾向の独自の働きと有効性があるということでしょう。

■酷い職場を生き抜くために有効なサイコパシー傾向

残念ながら、実態として、経営組織には酷い上司が存在します。

厚生労働省が2021年に発表した統計では、職場のハラスメントの最上位は、セクシュアルハラスメントではなく、パワーハラスメントでした[118]。パワーハラスメントの主体の多くは上司です。

改正労働施策総合推進法によって、2020年には大企業を対象に、2022年には中小企業を対象にして、職場におけるパワーハラスメントの防止措置を講じることが事業主に義務付けられました。それだけパワーハラスメントの問題が日本企業で大きくなっているということです。

経営学には、退職に関する研究分野があります。退職要因として頻繁に上位にあがってくるのが職場の人間関係、特に上司との人間関係です。

学術研究が「良い上司とは何か」「良い上司にどうなるのか」を一生懸命議論している今でも、職場には酷い上司が現に多く存在し、部下の仕事人生を破壊しているのです。

酷い上司が多く存在することは、少なくとも我々が生きているうちは職場の所与の条件でしょう。だとすると、一次性サイコパシー傾向の高さは、問題となる特性ではなく、むしろ職場を生き抜くうえでの有効な心理的特性とも捉えられます。

勤勉性が併せて高ければタスクパフォーマンスが増し、対人スキルが併せて高ければCWBが減る、というポジティブな面を持つサイコパシー傾向について、単にサイコパシー傾向が高いという一点だけを理由にして、新卒採用で不合格にし、管理職への昇進を認めないとするのは、近年の最新研究が獲得してきた知見と反するものです。

■サイコパシー傾向のワーク・レディネス

サイコパシー傾向の高い人であっても、ビジネス場面で活躍できる可能性は多分にあります。そのような可能性をまず本人が知ることが重要です。自身の可能性がわかれば、どのようなキャリアを描くのかを考えることができます。そして、その実現のために必要なスキルやリソースを身につけることも可能です。

完璧な人はいませんし、完璧に近い人ばかりが集まる理想のチームもありません。もちろん、理想のメンバーを採用すること、理想のチームを作ることに向けた努力は続けるべきですが、まず、日々の職場の実態が目の前に存在するというのが経営実践の特徴です。サイコパシー傾向の高いメンバーがチーム内にいるときに、その人を問題児としていかに排除するのかではなく、その人をどう活かすのか、が企業経営の要諦になります。

例えば、酷い上司がいて、メンバーの定着率が低いチームがあります。サイコパシー傾向の高いメンバーをそのようなチームに積極的に配置し、そこで高い業績を出してもらうのもよいでしょう。そこでの高い業績は、サイコパシー傾向の高いメンバー自身に新たな気づきと仕事への高いレベルの心構えをもたらすとともに、チームに新たな風と学習を生み出すはずです。

酷い上司であっても、人間には多面性があり、酷さだけではない面がその上司にはあります。サイコパシー傾向の高い部下が活躍するのを上司が見て、それを状況的なきっかけにして、上司の新たな組織行動が発現されたり、新たな心構えが習得されたりすることもあるでしょう。

サイコパシー傾向の高い人材も、他のダーク・トライアドの構成要素と同様に、十分にポジティブにそのパワーを発揮し、高業績者になることができます。組織と個人がその可能性に本格的に取り組む時期に来ていると思います。

以上の理論編では、ビジネス現場で働く社会人に向けてなるべく平易にわかりやすくダーク・トライアドの先端的研究理論とその解釈を述べました。専門的な見地からはより詳細に論じるべき箇所もありますが、本書の特徴を考慮し、ご理解をいただきたいと思います。

第2部

実践編

須古勝志

Katsushi Suko

第2部では、日本の職場におけるダーク・パワーの実態調査を行い、これから企業が「ダーク・パワー」を持つ人のポテンシャルをどのように理解し経営に活かすべきかについて、レイル社による実践を通して考察していきます。具体的には、ダーク・パワーを持つ人はどれほど職場に存在しているのか、そのダーク・パワーは、反社会的な行動として発揮されているのか、それとも向社会的な行動として発揮されているのか、また、反社会的な行動と向社会的な行動とを切り分けているものがあるとすればそれは何であって、コントロール可能なものなのか、などについて調査していきます。

なお、この実態調査は2023年4月から2024年3月にかけてレイル社の特性検査ツール「マルコポーロ（以下、「MP」と言います）」を用いて行われたものであり、日本の職場で働く社会人6万6610人の特性、ダーク・パワー、およびワーク・レディネスの測定データと、一部の企業に対するインタビューに基づくものです。また、これまでMPを提供することによってレイル社に蓄積されてきた実践知により考察を深めていきます。

第6章 ダーク・パワーとワーク・レディネスの実践的考察

本章では、ダーク・パワーとワーク・レディネスの実態調査を行うにあたり、学術理論と現場のはざまに立って、実践的にどのように考え、どのような工夫と定義付けを行ったのかについて解説します。

1 人が行動を生み出す構造

■MP氷山モデル

はじめに、レイル社が実践知から定義している氷山モデルを図8に示します。氷山モデルは、

図8 MP氷山モデル（人が行動を生み出す構造）

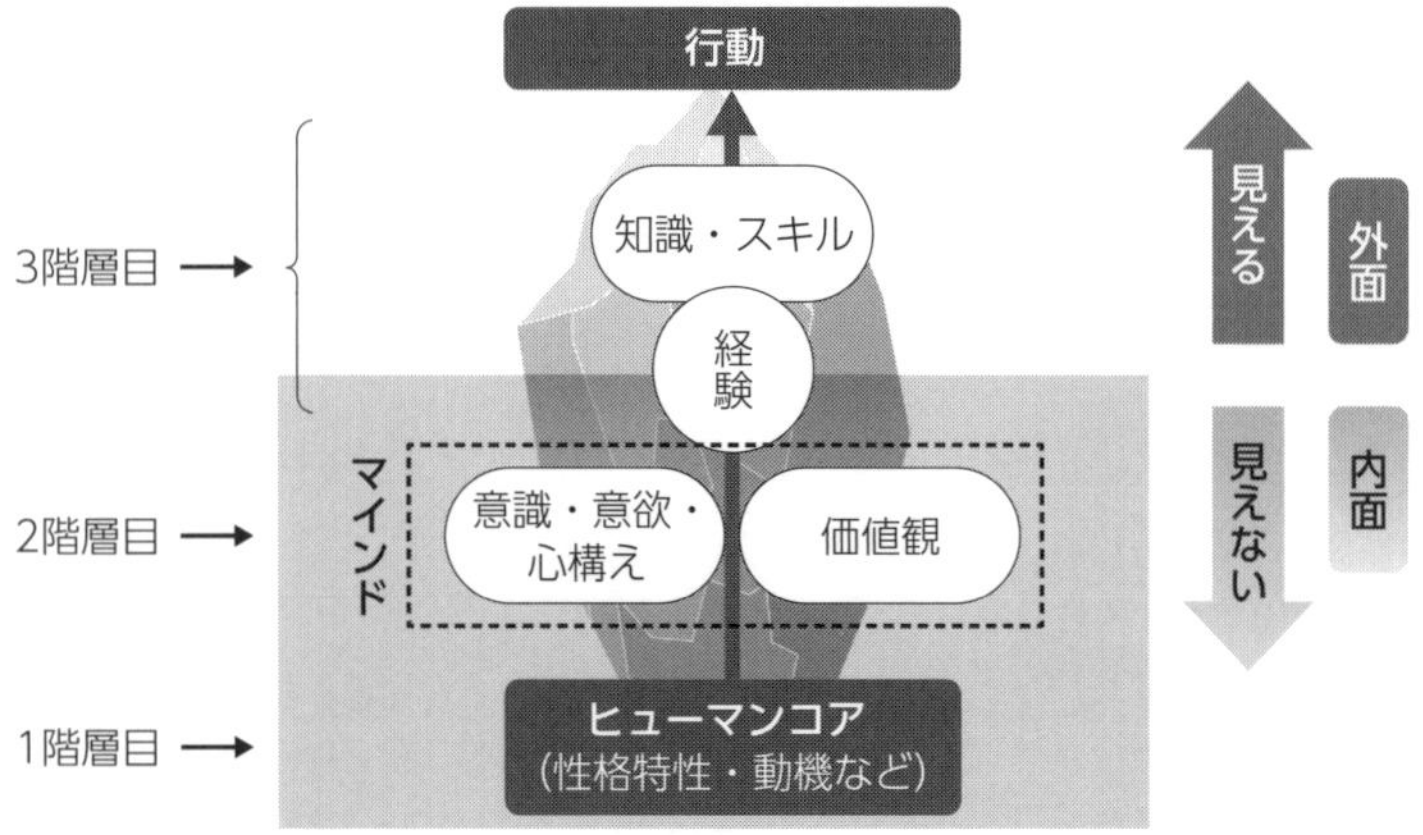

注：本書では、1960年後半以降、大論争となった「ミシェルの状況主義」の観点は除いている
出典：筆者作成

さまざまな学者によってさまざまな目的で定義されているのですが、ここでは、人が人を海に浮かぶ氷山になぞらえて、人が行動を生み出す構造を説明する目的で定義した氷山モデル（以下、「MP氷山モデル」と言います）を示します。

はじめにMP氷山モデルを解説するのは、ダーク・パワーとワーク・レディネスが、人が行動を生み出す構造のなかのどこに位置していて、それぞれがどのように影響し合うものなのかについて理解いただくことが、ダーク・パワーを持つ人たちのポテンシャルを輝かせるための、とても重要な基本骨格になるからです。

人には外面と内面とがあり、外面は他人から見えますが、内面は見えません。

氷山の水面上に出ている部分は他人から見える外面を示し、水面下に潜っている部分は他人から見えない内面を示しています。氷山の深層部にいくほど、他人から見えにくくなることを表しています。

他人から見える外面のなかで、一番上に位置するのが「知識・スキル」であり、ＩＴの知識が豊富であるとか、英語のスキルがあることなどを指します。

次に位置する経験は、接客の経験があるとか営業の経験があるなどの職務上の経験や、一歩踏み込んだ経験としては、例えば、良かれと思ってとった行動が裏目に出てお客様を怒らせてしまった経験や、倒産の危機がある会社に責任者として入り込んで立て直した経験、とんでもない修羅場を乗り越えてきた経験なども含みます。このような、経験をすることによって得られた知見を経験知と言います。

次に他人からは見えない内面のなかの、水面からすぐ下に位置するのがマインドです。マインドはよく聞く言葉で、皆様にも馴染み深い言葉だと思います。

一般的には心や精神、意識などのことを指し、ビジネス上でのそれをビジネスマインドと表現したり、マインドコントロール、マインドセットというような使い方をしたりすることもあるようです。

ＭＰ氷山モデルでは、このマインドを左右2つに分けて、左側に意識・意欲・心構え、右側に価値観を置きました。この2つは、水面からすぐ下の同じ高さ（見える・見えないで言うならば同じ位置）に位置するのですが、左右に分けたのは、可変性に違いがあるからです。

左側にある意識・意欲・心構えは、例えば、自分はミスをしがちだと意識し、ミスをしないように一歩踏みとどまって考えてから行動するようにしようと心がけること、良き上司になりたいという意欲を持ち、部下の悩みに耳を傾け自身の言動にも注意していこうと心がけること、これから社会に出て働くにあたり、学生のときよりもしっかりと前向きに何があっても簡単には諦めずに頑張るぞという心構えを持つこと、などを指します。

これらの意識・意欲・心構えは、容易に持つことができますが、その後の継続性が低いことが難点なのです。明日からダイエットをしようと決めたのに、数日で諦めてしまうことを想像していただくとイメージしやすいと思います。このことを可変性が高いと表現します。

右側にある価値観とは、具体的には労働観、人生観、結婚観などを指し、左側の意識・意欲・心構えと比較すると、長い期間をかけてじっくりと築かれていくものと定義しています。例えば、労働観であれば、5年とか10年といった長い期間働いて、少しずつ自分のなかに築かれていくわけです。このように長い期間をかけてじっくりと築かれ、固まってきたものであるがゆえに、容易には変容しない、このことを可変性が低いと表現します。マインドのなかを左右に分けたのは、こういう理由からでした。

もちろん、働く前の学生でも労働観は持っている、結婚する前の若者も結婚観は持っているなどとお叱りを受けるかもしれません。これについてMP氷山モデルの定義と目的の観点から補足すると、可変性の低いマインドと高いマインドとを分けたのには実践的な目的があります。それは、少しでも可変性の高いものを目立たせ、そこから育成を始めると行動変容につながりやすいということを示しておきたかったのです。つまり、可変性の高いものは、育成しやすく行動変容を引き出しやすいのですが、可変性の低いものは、育成しても行動変容につながるまでには時間がかかることが多いということです。

働く前の学生の労働観や、結婚前の若者の結婚観も、さらにそこから期間をかけてじっくりと築き上げていくものです。その点で、可変性の高い意識・意欲・心構えとは分けて示しておきたいと思った次第です。

最後に、他人からは見えない内面の一番深層部に位置するのがヒューマンコアです。これは、外向性、知的好奇心、変革創造性、達成動機、親和動機などの「性格特性・動機など」を指していて、遺伝の影響もあるのですが、若年期までの育った環境の影響を強く受けて形成され、その後一生涯を通して容易には変容しない、行動の根源的な土台となるものです。例えば、せっかちな人は一生せっかちであり、短気な人も一生短気であることが多いと思いますが、このことをイメージしていただくと、ヒューマンコアが容易には変容しないということがわかりやすいと思います。

このヒューマンコアが、人の行動を突き動かす根源的な土台であり、MP氷山モデルのなかで最も可変性が低いものとなります。

■行動が作られる順番

人の行動は、MP氷山モデルで示されている全ての項目が絡み合って発揮されますので、これらの項目のことを行動の構成概念と言います。これらの構成概念が絡み合って行動が作られるのですが、その絡み方、つまり行動が作られていくのには順番があるのです。MP氷山モデルでは、そのことを下から順に、ヒューマンコアを1階層目、マインドを2階層目、知識・スキル、そして経験も含めて3階層目としたときに、人の行動は下から上へ、つまり1階層目から3階層目に向けて作られていくと説明します。

このことを1階層目のヒューマンコアが短気であった場合を例にして解説しますと、まず、1階層目のヒューマンコアが、短気な行動を発揮しようとします。

次に、2階層目のマインドが働くのですが、仮に「短気な行動は良くないので一歩踏みとどまって考えてから行動しよう」という心構えがマインドのなかにセットされていたとします。すると、その心構えは短気な行動を発揮しようとするヒューマンコアの働きに対して一定の制御をかけることになります。

そして最後に、3階層目にある知識・スキル、経験をツールとして使って行動を発揮するわけです。

人の行動は、MP氷山モデルに示されている構成概念が、1階層目から3階層目に向かって全て絡み合って作られていくことを理解いただけたと思います。ではこのMP氷山モデルのなかで、ダーク・パワーとワーク・レディネスは、どこに位置すると思われますか。

ダーク・パワーは1階層目のヒューマンコアに位置し、ワーク・レディネスは2階層目のマインド左側の心構えに位置します。これらの位置関係から何が言えるのでしょうか。

仮に、ダーク・パワーがとても強い人がいたとします。

そのダーク・パワーは、若年期にほぼ固まり、その後は容易には変容しないヒューマンコアのなかにあるわけですから、ダーク・パワーが容易に消えてなくなることは考えにくく、ずっとパワーとしてそこにある可能性が高いということになります。

そしてダーク・パワーが行動として発揮される前には、マインドのなかにあるワーク・レディネスが、その行動に対して制御するなどの影響を与えてくれるわけです。

MP氷山モデルにおけるダーク・パワーとワーク・レディネスの位置関係から言えることは、ダーク・パワーの強さだけを見て人を判断するのではなく、そのパワーを向社会的行動として活かすためのワーク・レディネスがどのように整っているのかも併せて見ておくべきであるということです。

また、ワーク・レディネスは、可変性が高い心構えのなかに位置するわけですから、後天的な育成が容易であると言えるのです。

■MP氷山モデルが示す4つの重要ポイント

MP氷山モデルが示している重要ポイントを4つ解説します。

1つ目は、3階層目にある知識・スキル、経験は行動を形成するためのツールではありますが、行動を突き動かしている原動力ではないということです。行動を突き動かしている原動力は、行動の根源的な土台であるヒューマンコアです。

そして、ヒューマンコアは若年期にほぼ固まり、一生涯を通して容易には変容しないために、採用や配置、抜擢などの選抜シーンでは、選抜する前にそれぞれのヒューマンコアの、自社ジョブに対する適合性を確認しなければならないのです。

しかし実際には、多くの企業で、ヒューマンコアの自社ジョブに対する適合性を確認することはなく、見ているのは知識・スキル、経験しか記載されていない履歴書や職務経歴書であるようです。このことが、その後の早期離職、増加する滞留人材、次世代幹部候補者の減少などの現象につながっているのです。

2つ目は、人の行動はヒューマンコアだけから発揮されているのではなく、全ての構成概念が絡み合って発揮されているということです。このことは、1つ目でヒューマンコアが行動の根源的な土台であると解説したことと矛盾があるのではないかと感じるかもしれません。

補足すると、MP氷山モデルのなかで最も可変性が低い構成概念が行動の根源的な土台であるヒューマンコアです。したがって、ヒューマンコアは行動に対して絶大な影響力を持ちつつ、しかも変わりにくいということになります。人は皆、好むと好まざるとにかかわらず、一生涯、自身のヒューマンコアと付き合っていくことになるわけです。

しかしここで言いたいことは、人の行動は、MP氷山モデルで示した3つの階層が、下から上に向けて、全て絡み合って発揮されるということです。たとえヒューマンコアが短気であったとしても、自分自身がマインドを高くセットアップすることで、短気ではない自分、つまり、なりたい自分の行動を発揮することができるという点です。このことが、人のポテンシャルを輝かせるためのとても重要なポイントになります。

ヒューマンコアは若年期に形成されて可変性が低いわけですから、企業が社員の行動変容を引き出そうと思うならば、ヒューマンコアは理解・尊重したうえで、マインドから上の部分を指導・育成していくことが効果的であるということになります。

個人が自ら、自己発見、自己成長、自己実現を果たしていこうと思うならば、自分自身のヒューマンコアは、遺伝や育った環境の影響を大きく受けて形成されているわけですから、親からのギフトだと考え、なりたい自分に向けてマインドから上の構成概念を磨き上げればよいということになります。

3つ目は、行動変容を成功させる鍵は「行動の習慣化」であるということです。行動変容とは、文字通り自身の行動を変えるということですが、これを成功させるためには、目指す行動の習慣化ができていなければなりません。習慣化ができていない場合には、その行動を継続的に安定して発揮することは難しく、また元の行動、つまりヒューマンコアからなる行動に戻ってしまいやすいのです。

習慣化とは、長い間その行動を繰り返し行うことで、違和感なく無意識に近い状態でその行動を発揮することができるようになることです。

例えば、ご自身の利き手でご自身の名前を紙に書いてみてください。次に反対の手で書いてみると違和感があると思います（違和感のない方はそのまま読み進めてください）。この違和感がある行動でも、毎日その行動を続けて習慣化していけば、その違和感は少しずつ解消されていくのです。これは単なる身体の動作なので身体がその動作に慣れただけと言えるかもしれません。しかし、ヒューマンコアからなる今までの行動を、こうすべきだと自身が考える行動に変えようとする場合でも、その行動を習慣化することができれば、今までの違和感が解消されていくのです。

ヒューマンコアからなる行動とは、例えば、周りの人たちに好かれたい、波風を立てたくないという特性を持つ人が、それに従い、仕事で成果を出すことよりも、周りの人たちに同調していこうとする行動です。この行動を変容させるためには、例えば、多少の波風が立とうとも自身の意見を持ってそれを主張し、自主的に行動していこうという心構えを整え、それを習慣化していく必要があるわけです。

このように、ヒューマンコアからなる行動を変えようと考え、心構えを整え、その心構えの影響を受けた行動を習慣化できた場合には、慣れただけという言い方ではやや説明不足を感じます。この場合は、行動を習慣化していくことで、実はマインド（意識・意欲・心構え～価値観）も変容していきますし、緩やかにではありますがヒューマンコアも違和感が解消する方向に変容していったと言えるのです。だから、目指す行動に対する違和感が解消したのだという説明になります。

角度を変えて言いますと、目指す行動の習慣化をしていくなかで、今まであった違和感が解消していきつつある場合、それは、マインドも変容しつつありますが、変容しづらいと言われているヒューマンコアも緩やかに変容しつつあるということになるのです。

もちろん、人によって、あるいは目指す行動の難易度によっても、習慣化までの期間は異なりますが、概ね、3～5年間、その行動を継続できれば、習慣化ができていると考えてよいと言えます。

さて、習慣化を実現するためには、自身の「強いマインド」が必要なのですが、これが容易なことではないのです。行動の根源的な土台であるヒューマンコアと、目指す行動との間のギャップが大きければ大きいほど、自らの「マインド」の力だけでは根負けしてしまいやすいということです。

行動の習慣化に成功した人たちの多くは、この習慣化を実現するために、そうせざるを得ない環境に自らを置き続けたとか、自身の「行動変容プログラム」を上司と共有して二人三脚で取り組んだというように、自分1人で取り組むのではなく、何か外的な強制力のある環境をセットにして取り組んだ成功例が多いのです。最近では、行動の習慣化を支援するツールやサービスがあるようですので、そのような支援を活用されるのもよいかもしれません。

4つ目は、3階層目にある経験、つまり、経験することによって蓄積されていく経験知は、行動が発揮される前の最後の砦であるということです。

この経験知は、この行動は良くない、このような行動にしようというように、行動を選択できる最後の砦になります。例えば、失敗したり叱られたりした経験を持っていれば、同じような場面に出くわしそうになったときに、手前で気づいて、その行動は良くない、こういう行動にしようと、行動を選択し直すことができるということです。

雨の日の下り坂で自転車を立ち漕ぎしないという行動の選択も、雨の日に転倒した経験があるからではないでしょうか。座学で学んだだけの知識と比べ、経験することによって得られた経験知は、最後の砦として行動を選択し直すほどその影響力が大きいのです。

行動の根源的な土台はヒューマンコアであり、マインドが一定の制御をかけてくれるのですが、この経験知は最後の砦として行動を選択し直してくれるほどの影響力を持つということです。

したがって、マインドを整えることに加え、経験を積むことがキャリア形成においてとても大切であるということになります。

さて、MP氷山モデルを用いて、人が行動を生み出す構造を学んできました。

次節以降では、ダーク・パワーとワーク・レディネスを、人のポテンシャルを輝かせるための、現場で活用できる尺度にするために行った工夫について解説していきたいと思います。

2 ダーク・パワーの実践的定義

ダーク・パワーの測定（数値化）は、被検者に質問を与えてその回答から分析する質問紙法を用いて行うことにし、レイル社のMPに組み込んで実施しました。

課題は、現場で活用できるダーク・パワーの定義をどのように設計するかでした。どのように考え、定義したのかについて解説します。

■ダーク・トライアド研究を踏まえた実践的定義

これまで世界の「ダーク・トライアド」研究の大半は、ダークな特性は邪悪なものであると報告するものでした。しかし、最近の研究では、その特性の強い人であっても優秀な経営者が大勢いることがわかってきています。

ビジネス場面では、反社会的な行動にも向社会的な行動にもなり得るパワーであり、しかも優秀な経営者にもダーク・パワーの保持者が大勢いる。そのようなダーク・パワーをポテンシャルとして予測することができれば、反社会的ではなく、向社会的な行動を引き出せるよう、さまざまな打ち手も見えてくるはずです。

しかし、これまでのダーク・トライアド研究は、パーソナリティ障害をも含む広範囲にわたるものであったために、この研究の定義をそのまま踏襲したアセスメントでは、ビジネス場面では使いにくくなる可能性があるのではないか。つまり、ビジネス場面にフォーカスして考えたときに、反社会的な行動につながる可能性も秘めてはいるけれども、向社会的な行動の源泉にもなり得る「健全なパワー」であり、それはポテンシャルであるとして定義し直すべきではないか。そうしなければビジネス場面においてマイナスイメージが誤って先行してしまいかねないと危惧したのです。

そこでレイル社では、さまざまなダーク・トライアド特性の研究を背景にしたうえで、ビジネス場面にフォーカスさせて次のように再定義することにしました。ダーク・トライアド研究で示されている3要素の構成はそのまま用いますが、定義だけをビジネス場面にフォーカスさせたと理解ください。以下、反社会的な行動を「問題行動」、向社会的な行動を「活躍行動」と言うことにし、（一）には問題行動の傾向を、（十）には活躍行動の傾向をそれぞれ示しました。

■マキャベリアニズム（この特性の高い人＝策略家）

自分が有利な立場に立つためには争いを厭わず、とにかく勝つための策略を練るなど、策略性が高い特性。

（－）嘘をついてでも他者を蹴落とそうとしたり、捏造や欺瞞によって人間をコントロールしようとしたりするときがあります。支配的でルールを軽視するときがあります。

（＋）自己の影響範囲の拡大に極めて高い意欲があり、リーダーとして戦略の推進に貢献するときがあります。組織の管理に長け、チームを牽引するときがあります。

■ナルシシズム（この特性の高い人＝自信家）

自分は他人とは異なると強く信じ、自分らしさを非常に大事にする。自己陶酔性が高い特性。

（－）他人を見下し、周囲からのフィードバックを遮断して自分の考えのみで暴走したり、自分に反対意見を述べる人を排除したりするときがあります。職場で孤立したり、集団行動に問題を抱えたりするときがあります。

（＋）自己の可能性を強く信じ、他人にはできないような難しいことを数多の障害を乗り越えて実現するときがあります。業績創出に長け、際立った成果を残すときがあります。

■サイコパシー傾向（この特性の高い人＝徹底者）

他者の感情に左右されたり、状況の変化などの外的環境にうろたえたりすることがなく、自己の内面にある欲求の充足に正直に生きる。他者感情への低関心と自己欲求充足の両方において、とにかく徹底的な態度をとる特性。

（－）他人の感情を無視して、他者を平気で傷つけるときがあります。また、自己の感情の赴くままに不機嫌になり、それによる周囲への影響を全く考えないときがあります。

（＋）おどおどしてしまうような緊迫した状況やプレッシャーの高い仕事にも動じずに冷静に対処するときがあります。厳しい状況を平然とやりこなすときがあります。

■実践的定義のまとめ

（－）と（＋）で示される行動傾向は、「……ときがあります」と表現している通り、常にそのような行動が発揮されるのではなく、「ときによって」「何かをきっかけとして」発揮されるということを意味しています。

また、ダーク・パワーは、その度合いを1～100の数値で測定するのですが、数値だけでは、そのパワーがどれほどの強さなのかわかりづらいため、**表1**の通り、3段階の基準を設けました。3要素とも共通して、70以上を「最強」、55以上70未満を「強」、55未満を「弱」として、ダーク・パワーの強さを判定します。

表1 ダーク・パワーの強さ

3要素	55未満	55以上70未満	70以上
①マキャベリアニズム	弱	強	最強
②ナルシシズム			
③サイコパシー傾向			

出典：筆者作成

「弱」は、ダーク・パワーがそれほど強くはないため気にしなくてもよいレベルです。「強」は、問題行動（−）も活躍行動（＋）も、どちらも出やすく、「最強」は、さらに、どちらも出やすいというレベルであることを意味します。

この強さについては、「問題行動を起こす可能性が高い」という、問題行動一辺倒な見方は誤りであるということに注意してください。問題行動（−）も活躍行動（＋）も、どちらにもなり得るパワーであありポテンシャルの高さであるという理解が正しいのです。

3 ワーク・レディネスの実践的定義

ワーク・レディネスは、キャリア研究の世界的大家であるドナルド・E・スーパーによる成果をはじめとするさまざまな研究によって、働き方に大きな影響を与えることが世界的に知られています。このことに関する詳細と本書における学術的定義については、第1部に記されています。

本節では、実践的にワーク・レディネスをどのように捉えて測定し、現場で活用できるように定義していくべきなのかについて解説していきます。

ワーク・レディネスは、MP氷山モデルのマインドのなかの心構えに位置しますので、ヒューマンコアと発揮される行動とを媒介する非常に重要な鍵になるものです。また、本書のテーマであるダーク・パワーを活躍行動に方向付ける大きな役割を担うものでもあるのです。

■ワーク・レディネスの骨格3因子

ドナルド・E・スーパーの定義に則りながら、学生から社会人になるときと、働きだした後にキャリア発達を目指すときの両方をカバーしつつ、何よりも、個々人が自らそれをどのように磨き、整えていけばよいのかを掴みやすい定義にすることを目指し、レイル社の実践知から、骨格となる3つの因子を導出しました（図9）。

1つ目の「スイッチオン」とは、人生において、本気を出すための心の準備が整っているかという視点です。整っていない場合は、今は本気を出すときではない、いつか本気を出したら自分はできるはずだと思いながら、社会人としての時間が過ぎていってしまいがちです。ポテンシャルがあるのに、スイッチオンが整っていない人の場合は、周りからポテンシャルがあるのにもったいないと見られることが多くあります。

2つ目の「ライフシフト」とは、今の仕事に対して、心のベクトルがしっかり向いているか

図9 レイル社の実践知から導出したワーク・レディネス（3因子）

スイッチオン	人生において、本気を出すための心の準備が整っているか
ライフシフト	今の仕事に対して、心のベクトルがしっかり向いているか
ポジティブ	仕事に対して、怖いものだという認識がなく 前向きに捉えられているか

出典：筆者作成

という視点です。整っていない場合は、心が前の状態を引きずったまま切り替えができていない、つまり、例えば学生時代や前職などで頑張ってきた人であるにもかかわらず、今の仕事にはフルコミットできていないということです。周りからは、どうも今の仕事にしっくりとはまっていないと見られることが多くあります。

3つ目の「ポジティブ」とは、仕事に対して、怖いものだという認識がなく前向きに捉えられているかという視点です。整っていない場合は、仕事に対する基本スタンスが後ろ向きで仕事上の些細な変化に対してもネガティブに捉えていることになります。例えば、自分の仕事に他人からコメントされると自分が批判されていると勘違いして、過度に攻撃的または防衛的になってしまうなど、周りからは、困難を乗り越えていこうとする意欲が感じられないと見られることが多くあります。

さて、これらの3因子は骨格であるため大き過ぎて、具体性に欠ける点があります。個々人が自身の心を、どのように整えていけばよいのかをより具体的に掴みやすくするために、3因子に、それぞれ3つずつの構成概念を定義しました。

これら計9つの構成概念には、それぞれ、「(－) 整っていない場合の行動傾向」と「(＋) 整っている場合の行動傾向」を示しました。個々人が自身のワーク・レディネスを整えようとするときに見るべき行動の指針になるものが「(＋) 整っている場合の行動傾向」になるわけです。

▩スイッチオン：①時間的

現在から未来への時間軸のなかで、今こそ、この仕事で責任ある言動とともに本気を出すべきだ、本気を出す時期を将来にずらすべきではない、という心の準備ができているか。

■(－) 整っていない場合の行動傾向

仕事に慣れていない人や、任されてやり遂げた経験が少ない人は、低い測定値になりやすい。今はまだ慣れていないけどいつかできるようになると信じているため、今の自分に甘くなって仕事に全力で向かう姿勢に欠けることがある。早く成長しようと焦ることよりも、じっくり時間をかけて慣れようとするため、スイッチが入らないまま時間が経過していく傾向がある。

■(＋) 整っている場合の行動傾向

初めての仕事や慣れない仕事でも、できるだけ早く自分の役割を果たせるようになりたい、早く戦力になりたいと考え、目の前の仕事に全力で向かおうとする。他の人が3年でできるようになるなら自分は1年でできるようになってやろうと考えるなど、時間に流されるのではなく、時間を乗り越えてやろうと考える傾向が強い。できない自分についての言い訳を嫌う。

■スイッチオン：②人生的

仕事を行う前の準備として、そもそも自分の人生に無関心や投げやりになることがなく、人生をより良くしたいと願う心の準備が整っているか。

■（－）整っていない場合の行動傾向

自分の将来や人生について深く考えたことが少なく、漫然と日々を過ごしている人は低い測定値になりやすい。人生で失敗したくない、だからなるべく無理をせず、無難に過ごしていきたい、そのうえでできる範囲で頑張ればよいと考えがち。そのため、ちょっとしたミスでも挫けやすく、その後投げやりになってしまうことがある。

■（＋）整っている場合の行動傾向

折に触れてキャリアを見つめ直したり、いつまでに何をすべきかを考えたりすることが多い。人生をより良くしたいと願い、そのための努力を惜しまない。人生は七転び八起きだと知っているので、目先の利益に惑わされず、長期的な視点で物事を捉えようとする。今の努力が報われなくてもへこたれず、前向きに次の目標に向かっていく。

■スイッチオン：③美的追求

仕事を綺麗に完成させよう、顧客との素晴らしい関係を作ろうという気持ちがないと仕事にその人らしさが生まれない。仕事や人生に対して美を追究していこうとする心の準備ができているか。

■（－）整っていない場合の行動傾向

お客様に喜んでもらいたいと考える人が持つ「綺麗に仕上げよう」「お客様の素敵な笑顔が見たい」という気持ちになりにくいため、仕事にその人らしさが生まれにくくなる。結果として、事務的な対応になってしまい、自身としても仕事を楽しいと感じられなくなる傾向が高い。手間をかけたりストレスを感じたりすることをなるべく避けようとするため、妥協してでも相手に合わせてしまうことがある。

■（＋）整っている場合の行動傾向

仕事上許される範囲で、仕事の成果や仕上がりに自分ならではのこだわりや工夫、素敵さを盛り込もうとする。面倒であっても相手の立場を親身になって考え、常に最善を尽くして仕事を美的に仕上げようとする。この信念や価値観を大切にしているため、安易に妥協したり周囲に迎合したりしない。

■ライフシフト：④現実受容

理想と現実が異なるものであることを理解し、過度に理想のみにとらわれず、現実を受容するための心の準備ができているか。

■（－）整っていない場合の行動傾向

辛い現実や納得できないことを受け入れることが苦手。自分が思う通りに仕事を進めることを好むため、その理想と現実のギャップのなかに入り込んでしまうと、なかなか折り合いをつけられないことが多い。そういう場合は中途半端な結果になることがある。

■（＋）整っている場合の行動傾向

前途多難な辛い状況でも、それを受け入れて前に進む。妥協や諦めではなく理想と現実とのギャップを理解して打開策を模索し、ギャップを埋める地道な努力を欠かさない。仕事を進めるうえで必要となる折り合いをつけるべき点を弁えている。

■ライフシフト：⑤変化

立場の変更などの状況変化に対して、安定を過度に求めず、柔軟に対応するための心の準備ができているか。

■（－）整っていない場合の行動傾向

仕事の立場や状況などの「変化」を苦手とする人は低い測定値になりやすい。自身の立場や役割の変更、状況の変化からストレスを感じやすい。慣れ親しんだ仕事から離れたくないために新しいことは否定から入りやすい。「今」に、より慣れることを求めるため、新たなフィールドに進むことや、成長に向けて努力することに抵抗を感じる場合がある。

■（＋）整っている場合の行動傾向

自分の役割や部署の変更もポジティブに受け止め、それを楽しんでいる。たとえその変化が自身の希望通りでなかったとしても前向きに受け入れる。それは、今の苦労や経験が将来の糧となることを理解しているからであり、いかなる状況下でも職務を全うしようとする。

ライフシフト：⑥未来の危機

このままではまずいという危機感を、敏感に察知できるような心のセンサーが働くための準備ができているか。現状に満足しやすい心の状態になっていないか。

■（－）整っていない場合の行動傾向

現状に満足しやすいために、迫る危機の気配を感じ取れないことが多い。状況の変化やピンチに合わせた事前の準備ができず、いざというときの対応が遅れることが多い。

■（＋）整っている場合の行動傾向

現状維持は衰退の始まりだと考えていて、変化に気を配り、変化に適応できる自分になれるようブラッシュアップし続ける。状況の小さな変化にも気づける感受性と用意周到さがあり、危機に対してアクションが速い。

■ポジティブ：⑦職業忌避

働くことにそもそもの違和感や嫌悪感、職業に就くことに伴う人生への拘束感が心を支配してしまっていないか。職業に向き合うための心の準備が整っているか。

■（－）整っていない場合の行動傾向

仕事は楽しいことよりも辛いことのほうが多く、自分を制約するものだと感じる度合いが強い。そのため恐怖心や嫌悪感を抱くことがあり、他人からちょっとしたアドバイスを受けても自分が批判されていると勘違いして、過度に攻撃的または防衛的になってしまうことがある。

■（＋）整っている場合の行動傾向

苦しいことや辛いことはあるけれども、それを乗り越えることで得られる達成感や充実感こそが仕事の醍醐味であり、自身の価値の確認にもつながると理解している。人との出会いを大切にし、仕事を通して人生を豊かにしようとする。

■ポジティブ：⑧偏向性

働くことを、朝決まった時間に出勤したり、ノルマを達成したりすることだけだと勘違いしていないか。働くことが人間関係や思考の幅を広げることにつながるという心構えができているか。

■（－）整っていない場合の行動傾向

仕事は報酬を得るために仕方なくやるものだという思いが、心のどこかにある。そのため、働くことを通して知見を深めたり、人間関係の幅を広げたりして、それらを自分の成長に活かそうと考えることが少ない。

■（＋）整っている場合の行動傾向

この仕事に求められているものは何か、いつもそれを深く考えながら仕事に臨んでいる。漫然と仕事をするのではなく、求められている期待に応えようとする。したがって、報酬だけにこだわらず、働くことを通して自身の成長を実現し、知見を深められるように意識して取り組む。

■ポジティブ：⑨愛他性

他人に対する愛や利他性がないと、独善的な個人主義の枠から抜け出して、真の仕事人としてのフィールドに上ってくることができない。職業に向き合う前に、人と接するための心の準備ができているか。

■（－）整っていない場合の行動傾向

自分が得をしたい、損はしたくないという思いが強いため、相手の得よりも自分の得を優先させてしまう傾向がある。この傾向がある人は、周囲への感謝の気持ちが薄くなりがちで、相手との深い信頼関係を築けないため、結果として損をしてしまうことがある。

■（十）整っている場合の行動傾向

お陰様で今の自分があるという、人への感謝の気持ちを忘れない。まずお客様に満足いただけるように仕事をし、満足いただけた対価が売上であり、それが自分の報酬につながっていることを理解して仕事に取り組んでいる。愛があるから周りからも愛される。

■実践的定義のまとめ

ワーク・レディネスの測定（数値化）は、ダーク・パワーと同様に、被検者に質問を与えてその回答から分析する質問紙法を用いて測定することとし、その度合いに3段階の基準を設けました。3因子と9つの構成概念全て共通で、65以上を「とても高く整っている」、45以上65未満を「整っている」、45未満を「まだ整っていない」として、整っている度合いを判定します。

ワーク・レディネスの定義を、その構成概念や行動傾向に至るまで細かにご覧いただいたのですが、これらの心構えが、人の働き方に大きな影響を与えているということに頷けたのではないでしょうか。

自身の働き方に大きな影響を与えることが世界的にも知られているこれらのワーク・レディネスは、自身が望めば望む方向に変えることが容易であるマインドのなかの心構えに位置しているということを、よく覚えておいていただきたいと思います。

ワーク・レディネスは、人の行動変容を引き出すためのファーストステップになるのです。

■ ヒューマンコアとワーク・レディネスの関係

図10は、MP氷山モデルの深層部に位置するヒューマンコアと、マインドのなかの心構えに位置するワーク・レディネスを抜き出して、その関係性を表したものです。

その会社が求めているヒューマンコアの要件に高く適合している人材は、圧倒的なヒューマンコアの適合性がベースにあって、常にエンジンがかかっていて、すぐに行動に移せる人材です（図10のC）。

一方で、ヒューマンコアの適合性が中〜低い人材は、ヒューマンコアだけではマインドと行動を一定に保てずに、上司や職場環境などによって行動が左右されやすい人材であると言えます（図10のAとB）。

しかしそのような左右されやすい人材であっても、ワーク・レディネスを整えることによって、その人が持つポテンシャルを安定した行動として発揮することができるのです（図10のAからBへ）。

職場では、ヒューマンコアの適合性が中〜低い人材のほうが高い人材よりも圧倒的に多いと思います。個々人にとってもヒューマンコアは容易には変えづらいものですので、ヒューマン

図10 ヒューマンコアとワーク・レディネスの関係

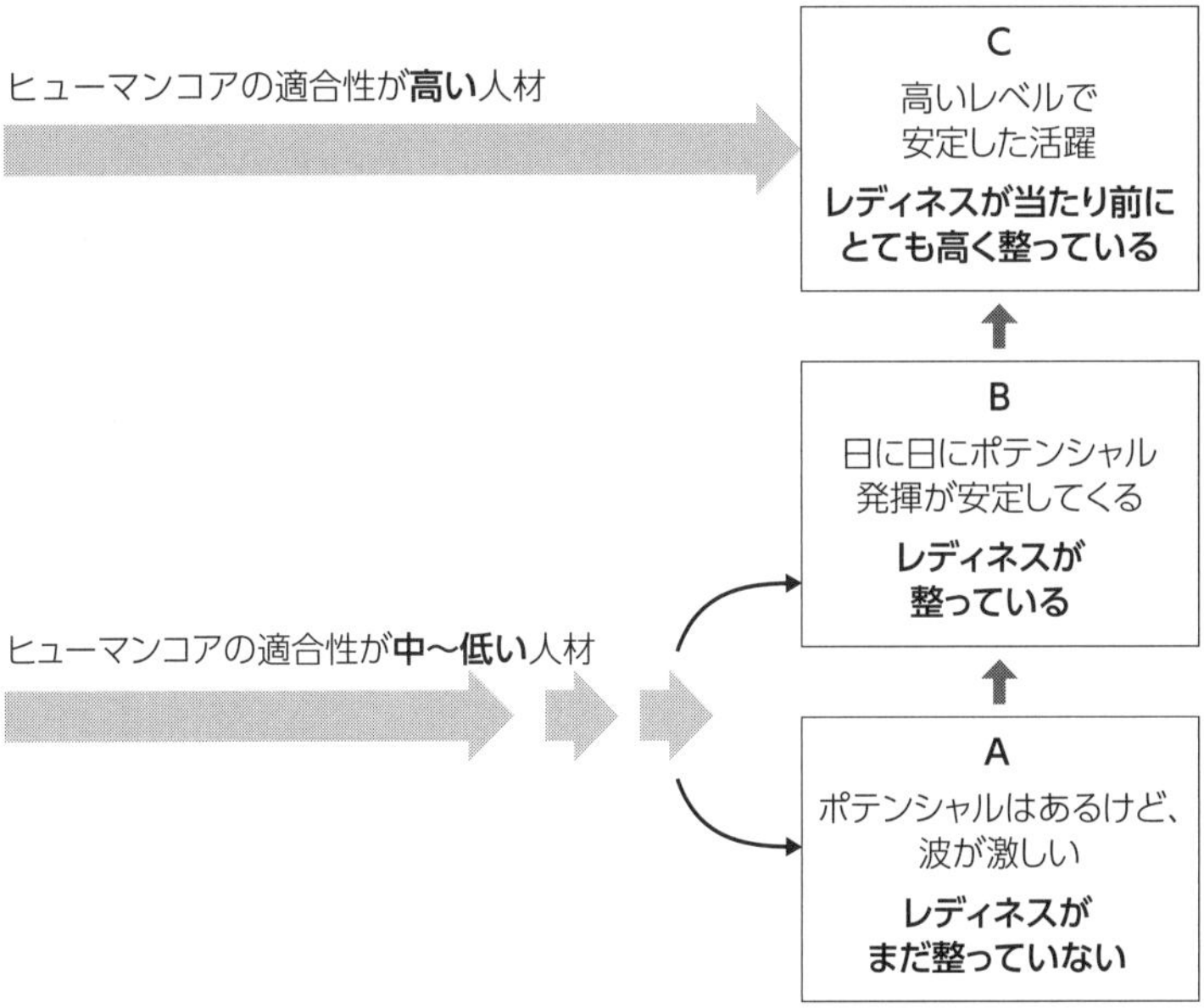

出典：筆者作成

コアを変えようとするのではなく、可変性が高いワーク・レディネスを整えていくほうが容易に輝ける人材になれるのです。このことは、組織が育成体系を設計するときの大きなヒントになると思います。

■ワーク・レディネスの整え方

さて、では個々のワーク・レディネスは、具体的にどのようにすれば整えられるのでしょうか。

その前に、今回の実態調査に参加いただいた受検者の方々にインタビューを行った際にひとつ発見があったのでお伝えします。

それは、ワーク・レディネスが整っていない人たち（測定スコアの低かった人たち）の大半は、それを整えることによって開かれる道がどういうものなのかを知らないだけだったということです。彼・彼女たちは、それを知ったうえで、ワーク・レディネスを整えない道を選択していたのではなく、整えるという道があることを知らず、整えるとどうなるのかということも知らないだけだったのです。

ワーク・レディネスを整えた場合には、どのような行動になりやすいのか。働くうえでどのような出来事に出会う可能性が高くなるのか。逆に、整えない場合には、どのような可能性が高くなるのか。こうしたことを、ケース・スタディ式にアドバイスしただけで、彼・彼女たちの目は輝き始めました。

3因子9概念の幅広さが、自身の心構えにおける得手・不得手を発見するうえで網羅性があってわかりやすいという意見が多かったのですが、どうすれば高められるのか、9つの構成概念全てを高めないといけないのか、高いものが3つあればよいなどといった基準はあるのかなど、彼・彼女たちの関心は、どうすれば身につけられるのか、身につけることによって仕事を楽しめるようになるのならばそうしたいという方向に向かっている様子でした。

このことから、ワーク・レディネスを整えるということは、特に若い人たちにとっては抵抗感が少なく比較的容易であると言うことができます。さらにそれは、企業が社員の行動変容を引き出そうとするときに、とても馴染みやすいファーストステップになるということを意味しています。

これらの実践から、ワーク・レディネスを今の状態よりも整える、つまり今よりも高めていく方法として、次の2つが有効であると考えます。

1つ目は、ワーク・レディネスが整っていない場合と整っている場合の行動傾向、つまり働き方の違いを知ることです。これは、社会人として働くことに対する視野を広げ、働くなかで自分らしさを見つけて磨き上げていく考え方を知るということにつながります。

そのうえで2つ目は、整っている場合の行動傾向や働き方を意識して、その行動を少しずつでも発揮していこうとすることです。習慣化できるまでは時間がかかるのですが、この行動を発揮しようと努力していくなかで、さまざまな良い経験に出会います。良い経験とは、その行動を発揮することによって上司に褒められたとか、お客様に喜んでもらえたとか、自身の成長につながるような経験です。ワーク・レディネスを整えるということは、前向きな行動を習慣化するということでもありますので、良い経験と出会いやすいのです。そして良い経験が増えれば、仕事を楽しめる自分を感じることにつながっていきます。ですから、ワーク・レディネスの習慣化は比較的、他の行動を習慣化しようとすることよりも容易であると言えるのです。なりたい自分になるためのファーストステップとしてワーク・レディネスを整えてみていただきたいと思います。

第7章 日本の職場で働く人の実態

本章では、6万6610人の社会人サンプルにより、日本の職場で働く人たちの特性、ダーク・パワー、ワーク・レディネスについて、実態調査の結果を解説していきます。

1 ダーク・パワーを持つ人の出現率

■「強」以上のダーク・パワーを持つ人は約25％で男性に多く出現

まず、ダーク・パワーは、測定値55未満を「弱」、55以上70未満を「強」、70以上を「最強」と判定していますので、このうち、強か最強のいずれかを持つ人について見ていきたいと思います。

マキャベリアニズム、ナルシシズム、サイコパシー傾向の3要素のうち、1つ以上が強もしくは最強であった人は全体の約25％（1万6458人）でした（表2）。男性と女性のサンプル数が異なりますので、それぞれ性別の出現率を見てみますと、男性は26・5％、女性は21・0％となり、男性のほうが、強もしくは最強のダーク・パワーを持つ人の出現率が高いことがわかりました。社員の性別構成比が仮に男性50％女性50％である企業の場合、男性のほうが、強もしくは最強のダーク・パワーを持つ人が多く出現するということになります。

表2 ダーク・パワー3要素のうち「強」か「最強」を1つ以上持つ人

合計	全体からの出現率	性別の出現率	
		男性	女性
16,458人	24.7%	26.5%	21.0%

出典：筆者作成

表3 ダーク・パワー3要素のうち「最強」を1つ以上持つ人

合計	全体からの出現率	性別の出現率	
		男性	女性
4,071人	6.1%	6.7%	4.8%

出典：筆者作成

■最強のダーク・パワーを持つ人は約6％で男性に多く出現

前項は、強か最強のいずれかを持つ人のデータでしたが、本項では、最も強いパワーである最強だけのデータを見ていきたいと思います。

3要素のうち、1つ以上が最強であった人は全体の約6％（4071人）でした（表3）。前項同様に、男性と女性の

図11 ダーク・パワー最強（要素別・年代別の出現率）

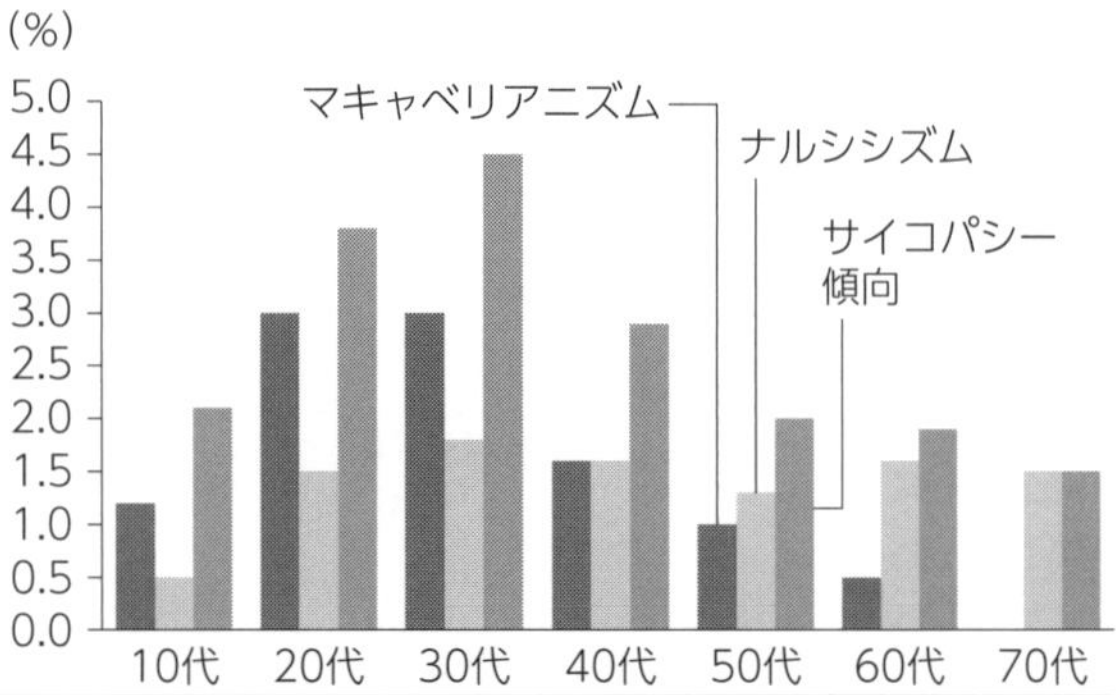

	10代	20代	30代	40代	50代	60代	70代
マキャベリアニズム	1.2%	3.0%	3.0%	1.6%	1.0%	0.5%	0.0%
ナルシシズム	0.5%	1.5%	1.8%	1.6%	1.3%	1.6%	1.5%
サイコパシー傾向	2.1%	3.8%	4.5%	2.9%	2.0%	1.9%	1.5%

出典：筆者作成

サンプル数が異なりますので、それぞれ性別の出現率を見てみますと、男性は6・7%、女性は4・8%となり、「強」以上のダーク・パワーを持つ人のときと同様に、やはり男性のほうが、最強のダーク・パワーを持つ人の出現率が高いことがわかりました。

■年代別のダーク・パワー出現率

図11は、最強のダーク・パワーの要素別・年代別の出現率を示したものです。

出現率としたのは、年代別の受検者数が異なりますので、年代別受検者ごとに、そのなかでの各要素別の最強のダーク・パワー出現率を比較できるようにするためです。

例えば30代であれば、最強のマキャベ

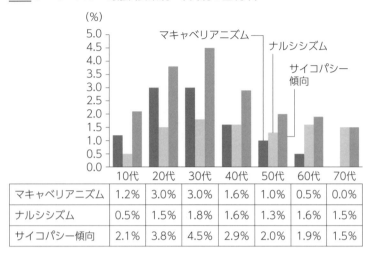

リアニズムのパワーを持つ人は30代全体の3・0%存在し、ナルシシズムは同様に1・8%、サイコパシー傾向も同様に4・5%存在することを示しています。

最強のダーク・パワーを持つ人の出現率は、30代で最も高く、30代と20代の社会人に多いことがわかります。

これは意外な結果かもしれません。「昭和の突破型」世代の人たちにこそ、最強のダーク・パワーを持つ人の出現率が高いと思われている読者が多いのではないかと想像するからです。しかし実際には、最強のダーク・パワーについては、30代の社会人で最も高い出現率を確認することができました。

次に、最強の1つ下の強さである強のダーク・パワーについて、要素別・年代別の出現率を見てみましょう。

図12は、強のダーク・パワーの要素別・年代別の出現率を示したものです。最強のグラフが縦軸を0~5%の範囲（レンジ）としていたのに対して、0~12%の範囲（レンジ）になっている点にご注意ください。これは、強のダーク・パワー出現率が、最強の出現率よりも高いためです。

さて、強の場合、50代が最も高い出現率になっています。最強では30代の出現率が最も高かったのに対して、強では50代の出現率が最も高かったということになります。

これは何を意味しているのでしょうか。

図12 ダーク・パワー強（要素別・年代別の出現率）

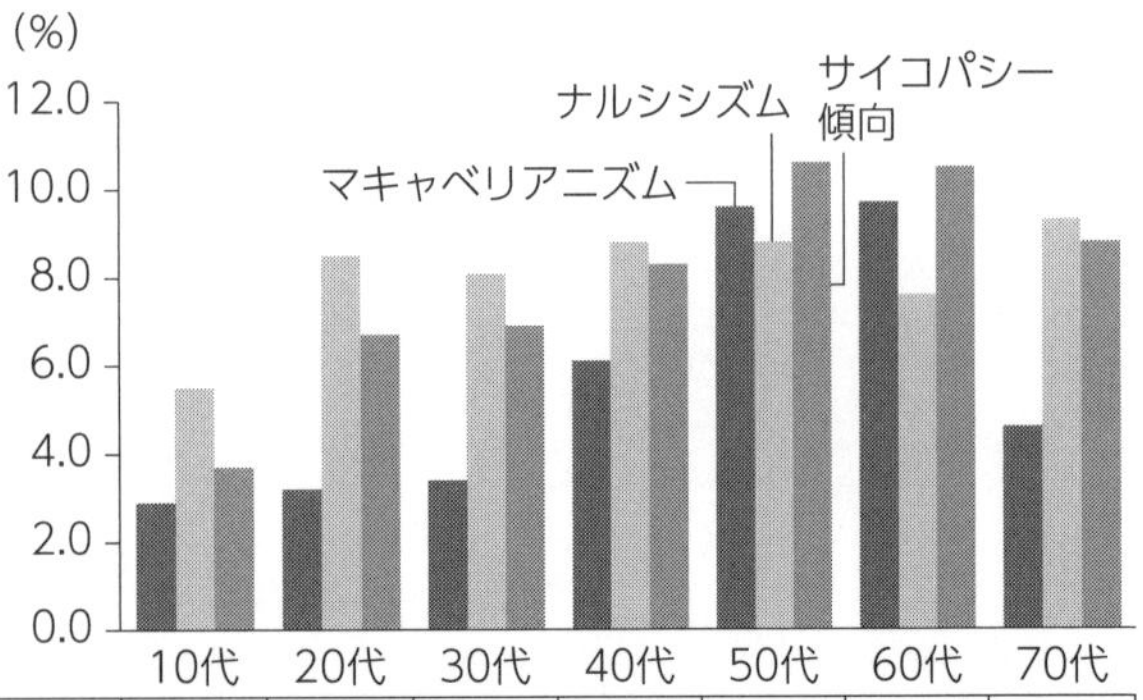

マキャベリアニズム	2.9%	3.2%	3.4%	6.1%	9.6%	9.7%	4.6%
ナルシシズム	5.5%	8.5%	8.1%	8.8%	8.8%	7.6%	9.3%
サイコパシー傾向	3.7%	6.7%	6.9%	8.3%	10.6%	10.5%	8.8%

出典：筆者作成

注意しなければならないことは、図11と図12の要素別・年代別の出現率は同じ人たちの経年変化を見たものではなく、現在の実態を見たものであるということ、そして、そもそもダーク・パワーはヒューマンコアに位置していますので、容易に変容するものではないということです。

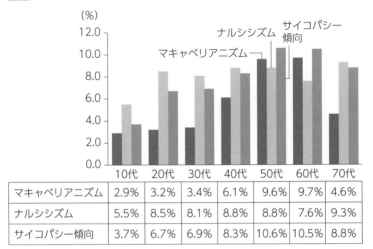

つまり、最強では30代の出現率が最も高かったのに対して、強では50代の出現率が最も高かったという結果は実態であり、その実態にはどのような原因があるのかという視点で考察を深める必要があるということです。

実際に強や最強のダーク・パワーを持つ方々にインタビューしてみますと、50代の方々の多くは、強いダーク・パワーを持ちつつも、とても優れたバランス感覚を持っていました。自身の持つパワーを単に爆発させればよいという感覚ではなく、先を見据えて自制しつつ、確実に最も良い地点に着地させようとしている方々が多かったということです。

30代のなかにも、もちろん50代に見られるようなバランス感覚の優れた方もいたのですが、やはりその多くには、50代に見られたバランス感覚は見られず、自身の持つ最強のダーク・パワーを持て余しているようでした。

バランス感覚が50代ほど優れた状態ではない人が多い30代の社会人のなかで最強のダーク・パワーを持つ人材が、そのパワーを活躍行動の方向に発揮できればよいのですが、問題行動の方向に発揮してしまうと、場合によっては大きな失敗につながってしまいます。「失敗から学べ」とは言いますが、ただ、失敗すればよいというものでもないはずです。これまで解説してきた通り、ワーク・レディネスを整えることにより、発揮される行動を活躍行動に方向付けできるのですから、30代に限らず、最強のダーク・パワーを持つ人であればなおさらワーク・レディネスを整えておくことが大切です。

最強のダーク・パワー出現率は30代が最も高く、強のダーク・パワー出現率は50代が最も高かった。そして50代の多くには「優れたバランス感覚」が確認されたが、30代の多くには確認されなかった。これらの実態が何を意味しているのかについては、本章の「3 ワーク・レディネスの出現率」で、考察を深めたいと思います。

表4 3要素ごとの、ダーク・パワー強以上の人数、比率、合計人数（延べ人数）

マキャベリアニズム	ナルシシズム	サイコパシー傾向	合計人数
6,172人	6,615人	8,240人	21,027人
29%	31%	39%	

出典：筆者作成

■サイコパシー傾向が最も多く出現

では次に、ダーク・パワーの3要素のうち、どの要素が一番高い出現率なのかを見てみましょう。サンプル総数6万6610人のうち、3要素ごとのダーク・パワー強以上の人数と比率、その合計人数（延べ人数）を表4に示します。なお、比率は合計人数（延べ人数）に対するものです。

合計人数は、1人が3要素のうち2つ以上の要素について強以上が出るケースもありますので、出現した延べ数で集計をしています。

そしてこの2万1027人（延べ人数）のなかで、最も多く出現している要素は、サイコパシー傾向で39％でした。ナルシシズム31％、そして僅差でマキャベリアニズム29％と続いています。

これまで見てきたデータでは、ダーク・パワーは強以上でも最強だけでも、その出現率は男性のほうが女性よりも高く、最強のダーク・パワーは30代での出現率が最も高く、強のダーク・パワーは50代での出現率が最も高かった。そして全体を通してサイコパシー傾向の出現率が最も高く、ナルシシズム、マキャベリアニズムと続くというものでした。

では次に、ソーシャル・スタイルという別の視点からダーク・パワーとの関係性を見てみたいと思います。

2 ダーク・パワーとソーシャル・スタイルの関係性

ソーシャル・スタイルとは

ソーシャル・スタイル（図13）とは、米国の産業心理学者であるデビッド・メリル氏が提唱しているコミュニケーション理論のことで、人のコミュニケーションスタイルを、「感情表現」と「自己主張」の2軸によって4つに分類するものです。

この4つのスタイルから、自分と相手のコミュニケーション上の特徴を理解し、適切なコミュニケーションのヒントを得ようとするもので、現在、世界中の多くの企業で取り入れられているコミュニケーションメソッドです。

ではまず、4つのコミュニケーションスタイルの特徴を解説します。

【ドライバー】　はっきりした主張を持ち、統率的

独立心・競争心が強い。イエス・ノーが明確。効率・成果にこだわる。ポイントを絞

図13 ソーシャル・スタイル

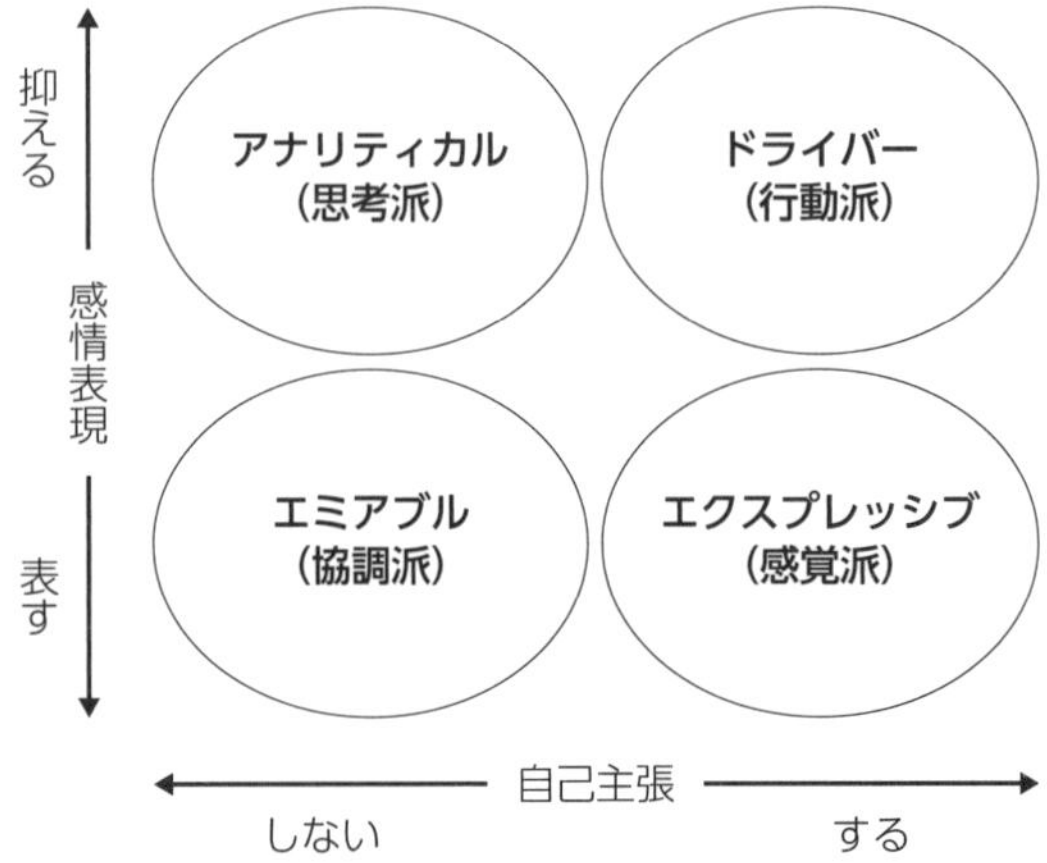

出典：筆者作成

って即断即決。大筋を摑んでてきぱきと進める。論理やデータを重視する。

【エクスプレッシブ】 前向きでみんなのムードを盛り上げる

明るく、躍動的。イエス・ノーを忌憚なく表現。表現が豊かで話し好き。直感で即断即決。周囲から認められたがる。一体感を重視する。

【アナリティカル】 細部にこだわり、整合性を大切にする

控え目。イエス・ノーを即答しない。粘り強い。慎重に検討し、最善解を追求しつつ実現可能な最適解を優先する。速さよりも質の高さを求める。形式や論理を重視する。

【エミアブル】 人を優先し、主役より

図14 ソーシャル・スタイル（出現率）

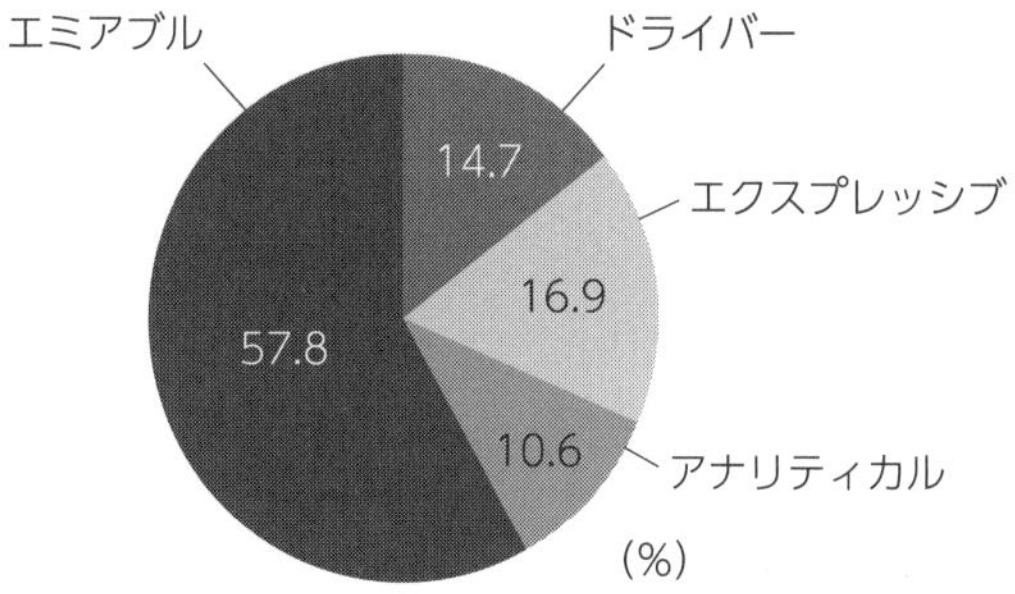

出典：筆者作成

脇役を好む
親しみやすく、協力的。イエス・ノーを一存で決めない。縁の下の力持ち。皆の意見を取り入れる。周囲に配慮しながら進める。人間関係を重視する。

では次に社会人6万6610人のソーシャル・スタイルの出現率を見てみましょう（図14）。

□エミアブル　57・8％
□エクスプレッシブ　16・9％
□ドライバー　14・7％
□アナリティカル　10・6％

圧倒的にエミアブルが多いことがわかります。

この出現率は、レイル社が2020年7

月にサンプル数約21万人を対象に行った大規模調査のときの結果とほぼ同じですので、そのときにわかったことを補足しますと、エミアブルの出現率は、年代が若くなるほど高くなっていき、20代以下が最も高い比率で出現していました。

大学新卒者の場合、6割ほどがエミアブルでした。そして、多くの企業の社員構成比率も、少なくて5割程度から多くて7割程度がエミアブルであり、エミアブルが4つのスタイルのなかで最も多いことも確認しています。

さて、読者の皆様は、最強のダーク・パワーを持つ人は、どのソーシャル・スタイルの人に多いと思われますか。

■ソーシャル・スタイル別の最強ダーク・パワー出現率

図15は、それぞれのソーシャル・スタイルのなかで、最強のダーク・パワーを持つ人の出現率を調べたものです。

ご覧の通り、最強のダーク・パワーを持つ人の各ソーシャル・スタイルのなかでの出現率は、他のソーシャル・スタイルに比べて、アナリティカルにおいて最も高く見られることがわかりました。そして、そのアナリティカルのなかで最も多く出現するダーク・パワーは、9・2%のサイコパシー傾向でした。これは、アナリティカルの9・2%の人には、サイコパシー傾向が最強で出現するということを意味します。

図15 ソーシャル・スタイル別の最強ダーク・パワー出現率

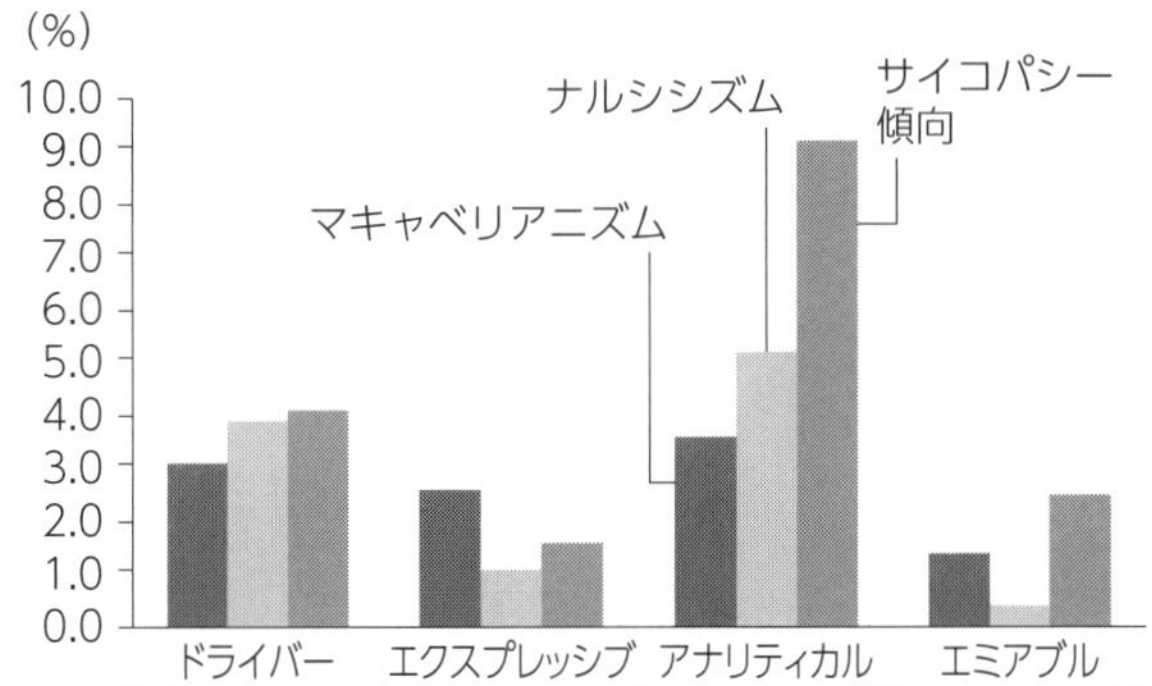

	ドライバー	エクスプレッシブ	アナリティカル	エミアブル
マキャベリアニズム	3.1%	2.6%	3.6%	1.4%
ナルシシズム	3.9%	1.1%	5.2%	0.4%
サイコパシー傾向	4.1%	1.6%	9.2%	2.5%

出典：筆者作成

アナリティカルの次はドライバーで、エクスプレッシブ、エミアブルと続きます。エミアブルは最強ダーク・パワー出現率が最も低いことがわかりました。

ここで注意しなければならないことは、人数はエミアブルが一番多いということです。つまり、ソーシャル・スタイル別の最強ダーク・パワー出現率だけに目を奪われるのではなく、ソーシャル・スタイル自体の出現率も併せて見ないといけません。このことを社員数１０００人の会社を例として説明します（表５）。

社員１０００人中の、ソーシャル・スタイル別社員数を、それぞれの出現率から計算したのがＡ列です。エミアブルが５７８人で最も多くなるわけです。

そしてＢ～Ｄ列は、ソーシャル・スタ

表5 社員1000人の場合：
ソーシャル・スタイル別最強ダーク・パワー出現人数（延べ人数）

		A	B	C	D	E
	出現率	ソーシャルスタイル別社員数	マキャベリアニズム	ナルシシズム	サイコパシー傾向	B+C+D
ドライバー	14.7%	147人	3.1%	3.9%	4.1%	16.3
			4.6	5.7	6.0	
エクスプレッシブ	16.9%	169人	2.6%	1.1%	1.6%	9.0
			4.4	1.9	2.7	
アナリティカル	10.6%	106人	3.6%	5.2%	9.2%	19.1
			3.8	5.5	9.8	
エミアブル	57.8%	578人	1.4%	0.4%	2.5%	24.9
			8.1	2.3	14.5	
合計		1000人	20.9	15.4	33.0	69.3

出典：筆者作成

イルごとの最強ダーク・パワーを持つ延べ社員数を、要素ごとの出現率から計算したものです。

E列は、B～D列の延べ社員数を合計したものです。これを見ると、最強ダーク・パワーを持つ延べ社員数が最も多くなるのは24・9のエミアブルであることがわかります。

最強ダーク・パワーの出現率はアナリティカルが最も高かったのですが、人数はエミアブルが最も多いことから、結果としてエミアブルからの最強ダーク・パワーの出現延べ人数が最も多くなったということです。

これは、多くの企業の社員構成比率が、エミアブルが5割程度から7割程度で最も多かったという調査結果から、どの会社でもほぼ同じ現象になると言えます。ソーシャル・スタイルと最強ダーク・パワーを持つ人の関係を見るときには、それぞれの出現率と人数の関係性について、注意していただきたいと思います。

ここで改めて図13のソーシャル・スタイルを見てみますと、横軸の自己主張をしない側（図の左側）にあるアナリティカルとエミアブルの人たちのなかにも最強のダーク・パワーを持つ人が多く存在することがわかりました。

自己主張をする側（図の右側）にこそ最強のダーク・パワーを持つ人が多く存在するのではと思ってしまいそうですが、そうではないということになります。

本項では、最強のダーク・パワーを持つ人の出現率が、ソーシャル・スタイルごとに大きく異なることがわかりました。組織におけるソーシャル・スタイルの人数構成が、多くの会社間で類似しているという調査結果から、最強ダーク・パワーの出現率が最も低いエミアブルであっても、最強ダーク・パワーを持つ人が大勢出現することになるということをご理解いただきたいと思います。

3 ワーク・レディネスの出現率

ワーク・レディネスについては、65以上を「とても高く整っている」、45以上65未満を「整っている」、45未満を「まだ整っていない」と、整っている度合いを3段階で判定しています。ここでは「とても高く整っている」状態の人について、見ていきたいと思います。

■年代別で見るワーク・レディネス

図16は、概観を摑みやすくするために、9つの構成概念ではなく骨格である3因子について、とても高く整っている人の出現率を年代別に見たものです。

まずこの図からは、年代が高くなるにつれて、ワーク・レディネスが3因子とも、概ね高く整っていくことがわかります。

3因子別に見てみると、スイッチオン因子については、10~20代でとても高く整っている人

図16 ワーク・レディネスがとても高く整っている人の年代別出現率

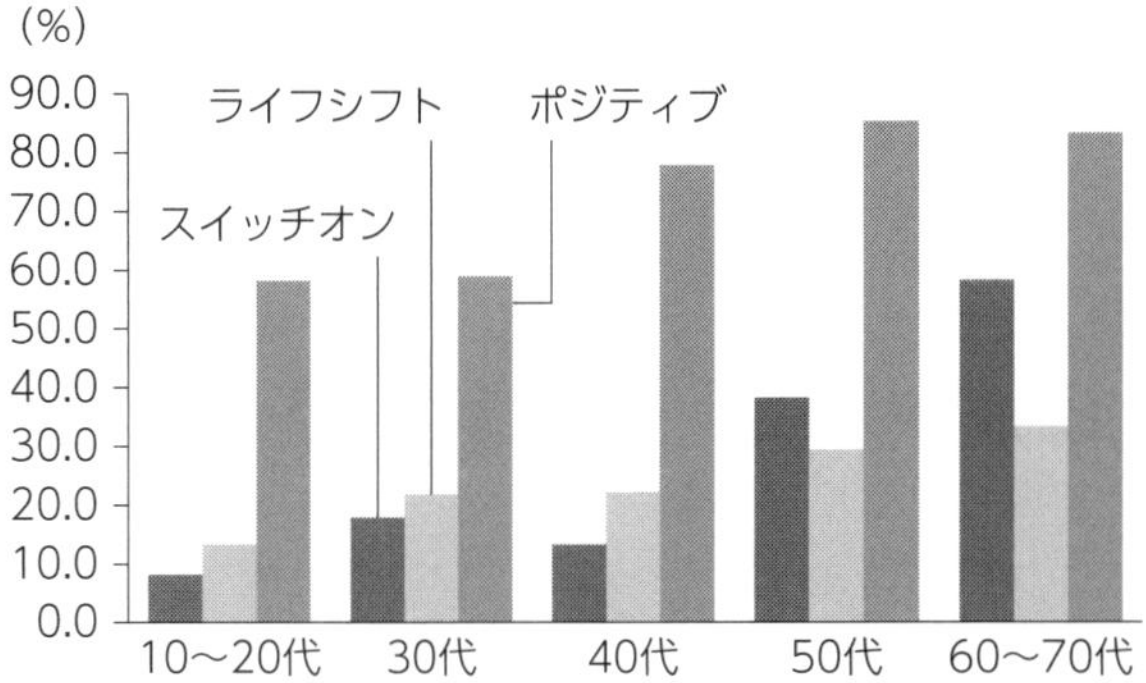

	10〜20代	30代	40代	50代	60〜70代
スイッチオン	8.2%	17.9%	13.3%	38.2%	58.3%
ライフシフト	13.4%	21.8%	22.2%	29.4%	33.3%
ポジティブ	58.2%	59.0%	77.8%	85.3%	83.3%

出典：筆者作成

の出現率は8・2%にとどまりますが、50代で急に40%近くまで高まり、60〜70代ではさらに60%近くまで高まっていることがわかります。

ライフシフト因子については、年代とともに少しずつ、とても高く整っている人の出現率が高まっていき、60〜70代で最大の出現率になるのですがそれは33・3%にとどまること、そして3因子のなかで、その出現率の最大値が最も低く、かつその出現率が高まる速度が最も緩やかであるということがわかります。

ポジティブ因子については、10〜20代の時点で既に60%近い人たちがとても高い状態に整えられていて、その後、40代ではさらに80%に近づき、50代では85%を超え、全ての年代を通してとても高い水準で整っていることがわかります。

さて、これらのことから言えるのは、10~20代は、社会に出たばかりの夢多き年代ですから、多少の失敗があってもポジティブに前向きに頑張ろうという意気込みは多くの人が持っている。けれども、まだ社会人としての経験が浅く自信を持てていない人が多いために、学生時代からのライフシフトができている人は少なく、今ここで全力を出すぞというスイッチオンもできていない人が多いということです。

そして、全ての年代を通してポジティブ因子がとても高く整っている人の出現率は高いのですが、スイッチオン因子とライフシフト因子がとても高く整っている人の出現率が30%を超えるのは、それぞれ50代、60~70代ということです。これは、若い年代では仕事や人生に対して選択肢が多く、悩みも多く、揺れ動いている人が多いために、前向きに頑張ろうとするポジティブ因子はとても高く整うけれども、よし今こそ本気でこの仕事に取り組むぞというスイッチオン因子や、今の仕事に心のベクトルが向いてフルコミットしようとするライフシフト因子が整うのには時間がかかるということです。

特にライフシフト因子は、とても高く整っている人の出現率の最大値が33・3%と、3因子のなかで最も低く、しかも最も緩やかに高まっていきます。この点について言えることは、働くための心の準備を、3因子バランスよくとても高く整えられない人の大きな原因のひとつが、ライフシフト因子をとても高く整えることが難しいからであるということです。

つまり、若い世代であるほど、今の仕事に心のベクトルがしっかり向いている人は少なく、年代が高くなっていくなかでも、転職などをきっかけにして、整いだしたライフシフトの心構えがリセットされてしまう人が多いのではないかということです。

ワーク・レディネスを3因子バランスよく、とても高く整えるためには、スイッチオン因子とライフシフト因子、特にライフシフト因子が課題になると言えます。

さて、ワーク・レディネスがとても高く整っている人の年代別出現率の実態がわかったことから、先に記していた「50代に見られた優れたバランス感覚」について考察を深めたいと思います。

優れたバランス感覚が確認できた人が多かった50代は、それが確認できた人が少なかった30代よりも、ワーク・レディネスがとても高く整っている人の出現率が高いことがわかります。このことから、バランス感覚とワーク・レディネスは相関していると言うことができます。

つまり、ワーク・レディネスが高く整えば整うほど、バランス感覚が優れているということになり、それはダーク・パワーの強さを上手に活躍行動に方向付けすることができる心構えが高まっているということになります。

なお、今回の実態調査では全体を平均して見ているため、業界や業種、地域や個社によって差があり得ることに留意いただければと思います。

■性別で見るワーク・レディネス

図17は、男性の調査対象者全員のなかで、ワーク・レディネスがとても高く整っている男性の出現率はどれほどなのか、同様に女性のそれはどれほどなのかを、それぞれ性別に示したものです。

ワーク・レディネスがとても高く整っている人の性別出現率を3つの因子それぞれについて見ていくと、以下のようになりました。

スイッチオン因子では、男性が21・4%、女性が3・8%で、その差は17・6

ライフシフト因子では、男性が20・5%、女性が16・5%で、その差は4・0

ポジティブ因子では、男性が61・6%、女性が75・9%で、その差は14・3

3つの因子のなかで、性別出現率の差が最も大きいのはスイッチオン因子の17・6であり、スイッチオン因子は女性よりも男性のほうが高い出現率であることがわかります。女性の出現率は3・8%にとどまりますので、およそ女性の96%の人はスイッチオン因子の心構えをとても高くは持てていないということになります。

性別出現率の差が次に大きいのはポジティブ因子の14・3であり、ポジティブ因子の場合は、男性よりも女性のほうが高い出現率であることがわかります。また、男性の61%以上、女性の75%以上の人が、とても高く整っているのですから、男女共に、とても高い水準でポジティブ因子の心構えを持てているということになります。

図17 ワーク・レディネスがとても高く整っている人の性別出現率

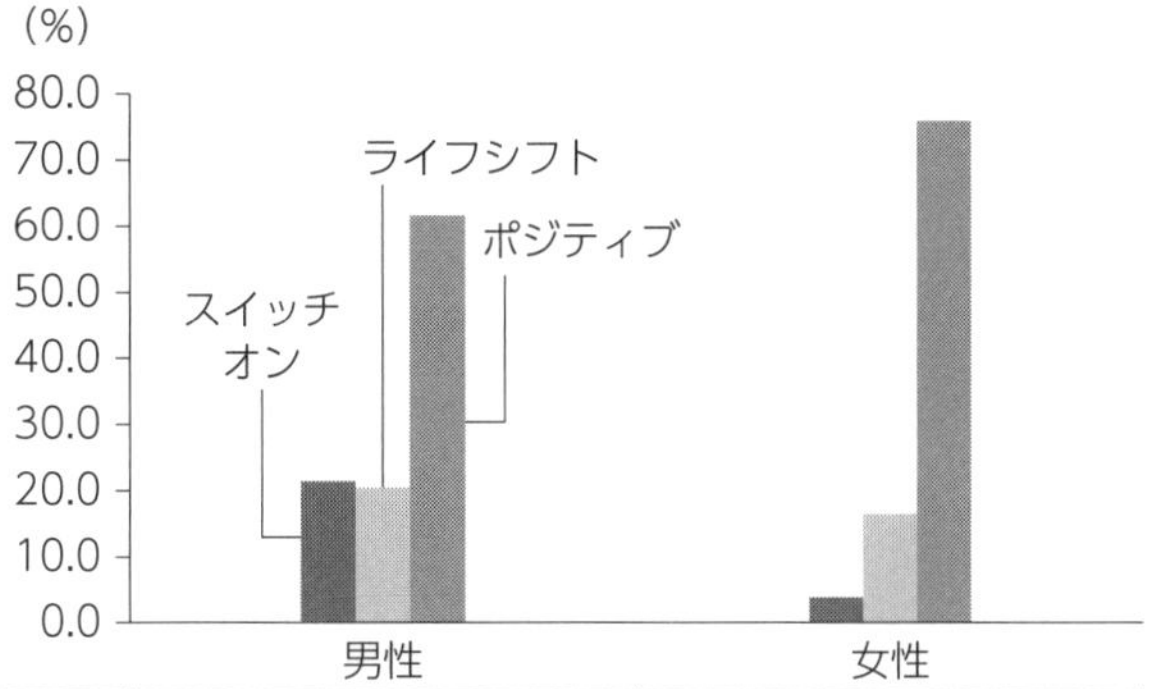

	男性	女性
スイッチオン	21.4%	3.8%
ライフシフト	20.5%	16.5%
ポジティブ	61.6%	75.9%

出典：筆者作成

そして性別出現率の差が最も小さいのはライフシフト因子の4・0でした。女性よりも男性のほうがやや高い出現率ではあるものの、ライフシフト因子がとても高く整っている人の出現率は、男性21%未満、女性は17%未満となります。

男性のなかで、出現率が高い順に因子を見ますと、ポジティブ因子、スイッチオン因子、ライフシフト因子と並び、女性のなかでのそれは、ポジティブ因子、ライフシフト因子、スイッチオン因子と並びます。

これらの結果から、ワーク・レディネスがとても高く整っている人の性別出現率について言えることは次の通りです。

◇人生において今こそ本気を出すときだという心の準備であるスイッチオ

ン因子は、出現率の男女差がとても大きく、とても高く整っている人は、男性の21・4%、女性の3・8%にとどまる。このことから、男女共に、今こそ本気を出すときだという心構えは、とても高くは整っておらず、特に女性の場合96%の人がとても高くは整っていない

◇今の仕事に対して心のベクトルをしっかり向ける心の準備であるライフシフト因子は、出現率の男女差はほぼなく、とても高く整っている人は、男性の20・5%、女性の16・5%にとどまる。このことから、男女共に約8割の人は、今の仕事に対して心のベクトルをしっかり向けるという心の準備が、とても高くは整っていない

◇仕事に対して前向きに取り組む心の準備であるポジティブ因子は、男性の61・6%、女性の75・9%の人がとても高く整っている。このことから、男女共にとても高い水準で「仕事に対して前向き」である

4 事例から浮かび上がる実態

本節では、今回の実態調査に参加いただいた各社担当者へのインタビューの内容もまじえて考察を深めていきたいと思います。

■幹部に最強マキャベリアニズムは1人もいないA社

A社は、社員数300名強の経営コンサルティング企業です。まず担当者からお聞きした、3つのダーク・パワーが強以上の人の組織のなかでの行動傾向や組織に与える影響についてのお話をご紹介します。

■マキャベリアニズム

◇20年以上勤続している幹部に、最強の人は1人もいない

◇新卒入社後、強以上の人の多くは辞めていく

◇強以上の人の退職理由には、「会社の方針やルールが窮屈、自分の思い通りにしたい」が多い

■ナルシシズム

◇強以上の人は、周りから見ると、良くも悪くも一目置かれる存在の人が多い

◇強以上の人は、行動がハッキリしていてわかりやすい

■サイコパシー傾向

◇強以上の人は、ハラスメントをすることがある

◇強以上の人は、自分都合で不機嫌になることがある

◇強以上の人は、部下を持たなければハイパフォーマーである人が多いが、部下を持つ

と、その部下に強く当たり精神的に追い込んでしまう人が多い

図18 A社のソーシャル・スタイル（出現率）

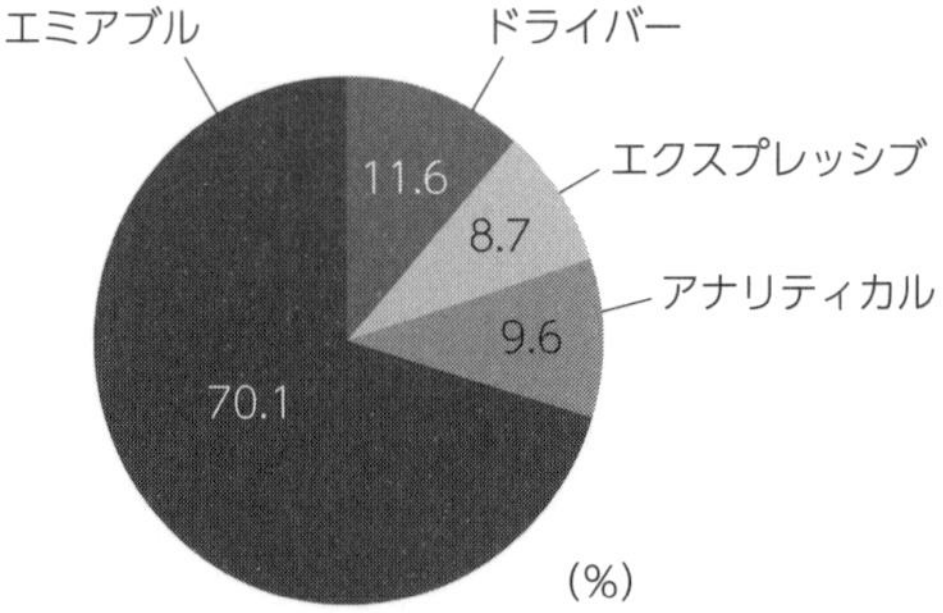

出典：筆者作成

次にA社の組織風土について説明します。A社の社員のソーシャル・スタイル出現率は図18の通りで、エミアブルが70%を超えています。これは、図14で、多くの企業の社員構成比率として示した、少なくて5割程度から多くて7割程度がエミアブルであるという範囲のなかで最大の出現率になります。担当者は、エミアブルが多く在籍している背景には、企業の目指す方向やビジョン、考え方を従業員全員と共有し、1人のエリートを重視するのではなく、チーム全体で助け合いながら皆で一緒に高みを目指す企業風土であることが大きく影響していると思うと話されていました。

A社では、そのような企業風土を築き上げるために、企業の目指す方向やビジョン、考え方が明確に記された経営計画書を全ての従業員に配布し、それを徹

底しておられるとのことでした。

そのような企業風土であるがゆえに、「会社の方針やルールが窮屈、自分の思い通りにしたい」という理由で退職していく人の多くが、マキャベリアニズム特性が強以上の人たちであったということは頷けるところがあります。それは、マキャベリアニズム特性の強さが問題行動として発揮される場面では、支配的でルールを軽視するときがあるからです。

20年以上勤続している幹部にマキャベリアニズムが最強の人は1人もいないということについても、マキャベリアニズム特性の強さが問題行動として発揮される場面では、支配的でルールを軽視するときがあることに加え、自分が有利な立場に立つために争いを厭わず、とにかく勝つための策略を練るなどの行動をとるときがあるわけですから、A社のようなチームワークを重視していく企業風土のなかでは、そのような行動は否定されやすいため、フラストレーションが溜まりやすく、結果として居づらくなったのだろうと考えられます。

ナルシシズム特性が強以上の人は、周りから見ると、良くも悪くも一目置かれる存在であるという点については、ナルシシズムという特性が、自分は他人とは異なると強く信じ、自分らしさを非常に大事にする、自己陶酔性が高い特性であることから頷けます。

また、サイコパシー傾向が強以上の人は、部下を持たなければハイパフォーマーである人が多いが、部下を持つと、その部下に強く当たり精神的に追い込んでしまう人が多いという点は、サイコパシー傾向という特性が他者の感情に左右されたり、状況の変化などの外的環境にうろたえたりすることがなく、自己の内面にある欲求の充足に正直に生きる、他者感情へ関心の低さと自己欲求充足の両方においてとにかく徹底的な態度をとる、というものであることから頷けます。

■ワーク・レディネスが整っている社員は問題行動が出にくい

A社のなかでダーク・パワーが強以上の86人をレイル社がリストアップし、その人たちの現場での行動が活躍行動なのか問題行動なのかについて、その人たちの上司にアンケート調査を行っていただきました。アンケートは、活躍行動が多い、どちらとも言えない、問題行動が多いの3択です。

アンケート調査の結果は、ダーク・パワーが強以上の86人中、活躍行動が多い人が72人、どちらとも言えない人が11人、問題行動が多い人は3人でした。ダーク・パワーが強以上の86人のなかで問題行動が多い人は3・5%しかいなかったということです。

このアンケート結果を受けて、ワーク・レディネスとの関係性について分析をしたところ、ダーク・パワーが強以上の86人のうち、アンケートで問題行動が多いと判断された3人のワーク・レディネスは高く整ってはいませんでした。

他の83人のワーク・レディネスは3因子とも高く整っているか、整っていない因子があったとしてもそれは1つにとどまっていて他の2因子は高く整っている状態でした。

このようにワーク・レディネスが高く整っている社員が多いことの背景には、A社が不正を許さず、個人プレーよりもチームワークを重視する企業風土であることの影響があると言えます。

この他にわかったことは、サイコパシー傾向の特性が強い人ほど、ワーク・レディネスの整い方が低いケースが、他の2つのダーク・パワーと比べて多かったということです。このことは、サイコパシー傾向が、他者感情への低関心と自己欲求充足の両方において、とにかく徹底的な態度をとる特性であることから、人間関係構築を心構えとして含むワーク・レディネスが整いにくいということに頷ける点があると思います。

A社の事例は、社員のワーク・レディネスの整い方には、企業風土が大きく影響するということと、強いダーク・パワーを持っている社員がいたとしても、その社員のワーク・レディネスが高く整っているのであれば、その社員はそのパワーを活躍行動に方向付けできているケースが大半であるということを示しています。

■問題児の彼はダーク・パワー最強のはずだが（B社）

B社は、社員数1300人程度の不動産系商社です。

ダーク・パワー測定前の打ち合わせの際、B社担当者は、「甲さんは問題行動が多いので、おそらくダーク・パワーが最強だと思う」と話されました。しかし実際に測定をしてみたところ、甲さんのダーク・パワーは3要素とも弱の判定でした。

後日、担当者から「問題行動が多い甲さんのダーク・パワーが弱と判定されていることが納得できないので、なぜなのか調べて欲しい」と依頼がありました。甲さんの特性データを調べてみたところ、甲さんの特性は、ストレス耐性がとても高くて、協調性や配慮などの人間関係構築に必要となる特性が極めて低かったのです。

ストレス耐性が高い人は、外部からの刺激に強く、ストレスを受け止めることができるという良い傾向があるのですが、性格特性というものはまさに表裏一体で、良くない傾向も共存しています。例えば、ストレス耐性が高い人の良くない傾向としては、感受性が鈍く、事の重大さを認識できなくなる可能性があるという具合です。

甲さんは、ストレス耐性がとても高いので、感受性が鈍く事の重大さを認識できない、協調性が低いので協調することよりも自身の考えを通すことを優先する、また配慮も低いので自身の気分が悪いときには相手への態度に表れてしまう、というような行動の傾向が高いということになります。

結果として、孤立性、ホスピタリティのなさ、粗雑さなどが目立つ行動となってしまいがちですので、それが、周りからは好ましくない行動、つまり問題行動であると思われていたという理解になります。しかしこれは、ダーク・パワーの強さに起因する問題行動ではなかったのです。

社内での人間関係構築を強く求める会社では、この甲さんのような行動は問題行動であると見られがちです。しかし、人間関係構築よりも、言うべきことを言え、すべきことをせよという方針の会社であれば、甲さんのような行動は、特に問題にならないと言えるのです。つまり問題行動の定義と尺度は、企業風土によるところが大きいということです。

B社の担当者に、以上のことを説明したところ、深く頷かれながら、「で、どうすればいいの」との質問です。

私は、ダーク・パワーによる問題行動も、甲さんの行動も、いずれもヒューマンコアから発せられているものなので、意図的にではなく、ほぼ無意識にそのような行動を発揮していることになる。したがってどうすればよいかについては、ヒューマンコアを変えることは容易ではないために、まずは本人のワーク・レディネスを整えることから始めて、それから人間関係を良好にしていく経験をさせることが大切であると説明しました。

人は、なぜそれを行っているのかを理解している場合に、より意欲を高め、最善を尽くし、成し遂げようとします。故になぜ、人間関係を良好にする必要があるのかを理解させて、人間関係を良好にしていこうという心構え（ワーク・レディネス）を整えることから着手する必要があるのです。

B社の事例は、問題行動は常にダーク・パワーから発せられているのではないということと、問題行動の定義と尺度は企業風土や組織風土によるということ、そして「人が行動を生み出す構造」を深く理解して人を見ることによって初めて、発揮された行動の原因と、それに対する育成ポイントが見えてくることを示しています。

5 実態調査からの実践的考察

■ダーク・パワーに対するワーク・レディネスの影響力

働き方に大きな影響を与えることが世界的に知られているワーク・レディネスですが、今回の実態調査からも、ワーク・レディネスは、通常の働き方そのものを前向きにする効果があることがわかります。さらに、本書のテーマであるダーク・パワーに対しても、ワーク・レディネスが高く整っている人は、そのパワーを活躍行動に方向付けられている可能性が高いということがわかってきました。

しかし、ワーク・レディネスは、マインドのなかの心構えに位置しているため、継続性が低いという課題がありました。ワーク・レディネスを高く整えたとしても、その行動を自らの力だけで習慣化していくことは難しいのです。そこで、組織が良いきっかけを与えていくことの大切さにも触れておきたいと思います。

■きっかけと経験知

きっかけについての詳しい解説は、第1部をお読みいただきたいと思いますが、そこに記されていることを本項に合わせて要約しますと、「人の行動は何らかのきっかけがスイッチとなって発揮されることが多い」「しかしきっかけの与え方を組織が誤った場合には、個人の心のスイッチが間違った方向に入ってしまうこともあり、ひいては品質不正などの企業不祥事を引き起こす引き金になってしまうこともあり得る」「逆に、組織が良いきっかけを与えた場合、ワーク・レディネスが整っている人はそれをきっかけにして活躍行動に入りやすい」「しかしワーク・レディネスが整っていない人の場合、そのきっかけに気づかないかもしれない」というものです。

したがって、組織で働く以上、まず個人としてのワーク・レディネスを整えることが先決であり、そのうえで、組織は、良いきっかけを用意しなければならないということになります。

さて、良いきっかけをスイッチとして活躍行動が発揮できたとします。そして活躍行動を発揮したことで誰かから評価を受けたとか、喜んでもらえたなどの自身に対する良いフィードバックが得られた場合、それは良い経験を積んだことになります。

この、経験によって得られた知見が経験知と言われるもので、先に記した通り、最後の砦として、行動を選択する大きなパワーを持つのです。そしてその経験知は、座学の知識よりも継続的に行動に良い影響を与えてくれるのです。

ですから組織は、第1に1人ひとりのワーク・レディネスを整えることにより、良いきっかけを見逃さず活躍行動が発揮できる準備をし、第2に、その社員たちに良いきっかけを与えていくことが大切であるということです。そうすることで社員たちが良いきっかけをスイッチにして活躍行動を発揮し、それが良い経験知となって蓄積されていき、自立した社員たちが増えていくことにつながります。社員たちのワーク・レディネスが高く整い、良い経験知が蓄積されていく組織であれば、その社員たちのなかに強いダーク・パワーを持つ人がいたとしても、それは活躍行動に方向付けられる可能性が高まっていくと言えるのです。

第8章

これからの選抜における実践的視点

本章では、ダーク・パワーを経営に活かすための選抜という趣旨で、「これからの選抜」について解説します。本章のテーマに関心がある方は、拙著『HRプロファイリング』[119]（日本経済新聞出版）に詳しく書かせていただきましたので、そちらも参考にしていただければと思います。

1 これからの選抜の考え方

■2050年に向かって変わる新入社員動向

この本を執筆している最中の2024年3月31日、「2050年に2割減る新入社員、『金の卵』は入社後すぐ部長[120]」という記事が日本経済新聞電子版に掲載されていました。この記事には、以下のようなことが書かれていました。

◇2023年に44・3万人だった新卒者が2050年には37・5万人になる
◇大学1～2年生で実務経験を含めたインターンシップが当たり前となり、そのままその企業に入るか、そこで得た経験を活かした就職活動が広がる
◇「大企業に入社したい」から「自分に合う企業を探したい」に若者の考え方が変化する
◇「将来を考えてキャリアを積みたい」という考え方が広がる
これらは、新卒一括採用から通年採用へ、また、「職種・コース別採用」へのニーズの高まりを示唆するとの趣旨の内容でした。

2050年に向けて、新卒採用は超売り手市場になっていくわけですが、これから企業はどのような採用戦略を描くべきなのでしょうか。

■人の輝き方を発掘して活かす組織へ

これから新卒者が減少し続け、総務省の調査[121]によれば、わが国の生産年齢人口（15～64歳）も1995年をピークに減少し、2050年には5275万人（2021年から29・2％減）に減少すると見込まれています。

このような、新卒採用における母集団形成が極めて難しくなっていく時代に、採用をどのように改革していかなければならないのでしょうか。

採用だけではなく、配置や抜擢なども含めた「選抜」全般において、これから重要になって

くることは、将来のポテンシャルが高い人材を見極めて選抜し、育てていかなければならないということです。特に自社組織における将来のポテンシャルを精度高く予測して見極めるということが「選抜」全般における鍵になります。

例えば採用シーンで、履歴書や職務経歴書に書かれている知識・スキル、経験などの過去の記録を見るだけでは、将来のポテンシャルを精度高く予測することはできません。将来のポテンシャルを精度高く予測するには、第6章に記した通り、ヒューマンコアが人の行動の根源的な土台であるわけですから、そのヒューマンコアが、自社組織が求める活躍の仕方にどれほど適合しているのかを見極めなければなりません。マインドが未熟であっても、知識・スキル、経験が足りていなくても、それらは可変性が高いので採用後に充足していけるのですが、ヒューマンコアは可変性がとても低いので、採用後に変容させることが難しいからです。

自社への応募者が減っていくなかで活躍してくれる人材を採用し、社員の適正配置を実現し、次世代幹部人材の候補者を確保していくためには、今はまだ顕在化していない将来のポテンシャルを見極めて人材を発掘していく必要があるということです。

これからは、人の輝き方を発掘して磨き上げていく体制を持つ組織、本人も気づいていないかもしれない「将来に向けたポテンシャル」を発掘してそれを育てられるような、人に対して深みのある組織でなければ、人事面で問題を抱えてしまい、業績への悪影響が避けられなくなる可能性が高いということです。

欧米に大きく遅れをとりながらも、これらの課題を解決するために、ようやく日本も人事を科学する時代に入りつつあります。しかし現場では、特にその中心的役割を担う戦略人事の担当者は、暗中模索の状態であるようです。

その原因は、選抜における科学的な打ち手に対する手ごたえが弱いことにあると思います。企業が、費用と労力をかけて人事に科学を用いるその第一の目的は、将来のポテンシャルを精度高く予測して選抜に活かすことです。人の選抜で失敗する余裕はもうなくなってしまうからです。それなのに、その手ごたえが弱いということは、将来に向けての大きな問題を抱えているということになります。

2 これからの選抜手法

採用、配置、抜擢は、それぞれ微妙な違いはありますが、本節では「人を選抜する」という意味において、同一のものであるという前提で、「採用」を例にとって解説を進めます。採用を例にしてご理解いただいた内容は、そのまま配置や抜擢にも活用できるとご理解ください。

■戦略人事のミッション

戦略人事には、各社各様の定義が存在するのですが、そのミッションは概ね、「経営戦略を実現するための人、組織・体制、制度、ITインフラを整えることにより、必要となる人材を供給し続けること」に集約できます。このミッションを、本節のテーマである「選抜手法」にフォーカスして整理すると「経営戦略を実現するために必要となる人材を供給し続けること」となり、これは、

①経営戦略を実現するために必要となる人材の要件を明らかにして

②その要件に適合する人材を採用して育成して現場に供給し続ける

という2ステップに分解できます。

まず①の経営戦略を実現するために必要となる人材の要件を明らかにする方法として、私は『マイケル・ポーターの競争戦略』[122]に描かれている手順を、レイル社の提携パートナーであり、人材開発・組織能力開発サービスを提供するインヴィニオ社が整理したものをお薦めしています。SWOT分析や3C分析などさまざまな分析手法がありますが、こと経営戦略を実現するために必要となる人材要件を明らかにすることについては、この手順がとても有効です。

この手順の根幹の考え方は、競争戦略の本質は差異化であり、意図的にライバルとは異なる一連の活動を選び、独自の価値を提供することであるということです。

差異化とは、競合他社が真似できないような差別化という意味です。この差異化された提供

図19 競争戦略に基づく「求める人材要件」の明確化手順

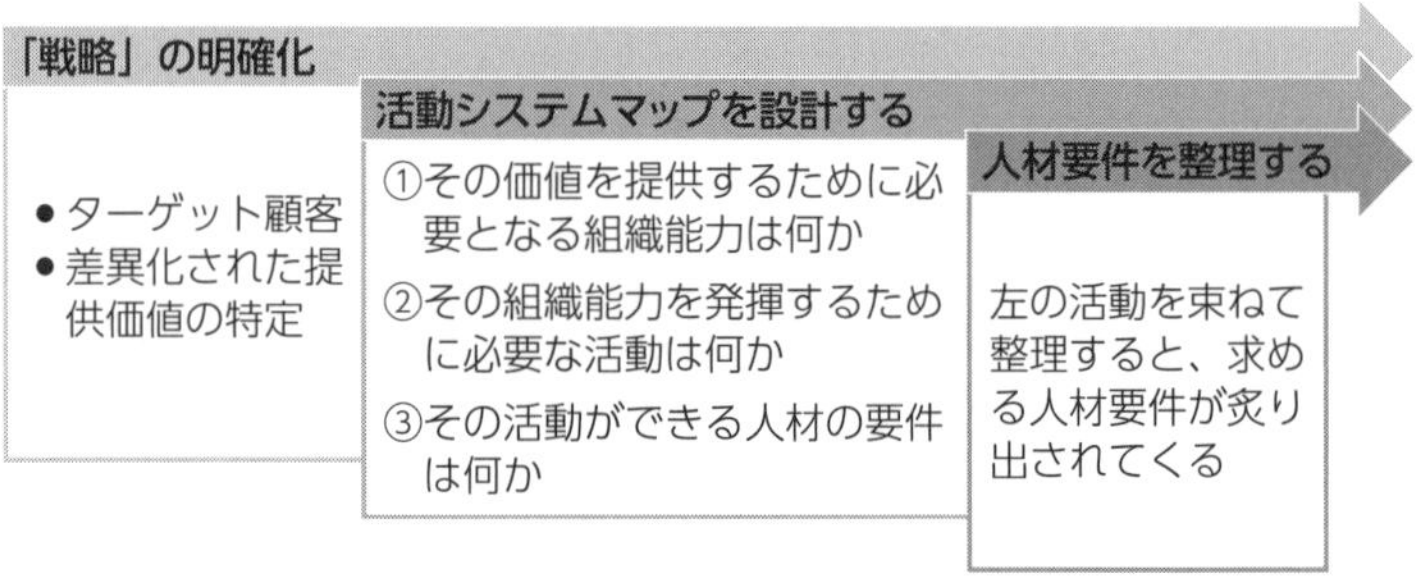
「戦略」の明確化
●ターゲット顧客
●差異化された提供価値の特定
活動システムマップを設計する
①その価値を提供するために必要となる組織能力は何か
②その組織能力を発揮するために必要な活動は何か
③その活動ができる人材の要件は何か
人材要件を整理する
左の活動を束ねて整理すると、求める人材要件が炙り出されてくる

出典：筆者作成

価値が何なのかを突き詰めることが、即ち経営戦略の明確化につながっていくわけです。

図19は、「求める人材要件」を明確化するための手順を、インヴィニオ社の整理を参考にレイル社が作成したものです。

まず「戦略の明確化」では、ターゲット顧客をセグメント化し、その顧客が他社ではなく自社を選んでくれる理由を差異化された提供価値として、その価値は何なのかを突き詰めて考えていきます。どこよりも安いから選ばれるのか、どこよりも品質が良いから選ばれるのか、あるいは、アフターフォロー力なのか、ブランド力なのか、利便性なのか、といった具合です。この価値が提供できれば自社は必ず選ばれるというものを探し出すのです。

次に「活動システムマップ」を設計します。これは次の3つの手順からなります。

◇その価値を提供するために必要となる組織能力は何

か

◇その組織能力を発揮するために必要な活動は何か

◇その活動ができる人材の要件は何か

市場で勝つための提供価値が何であるのかが明確になったところで、その価値を提供するためにはどのような組織能力が必要になるのかを検討するのです。

それは例えば、開発力であったり、店舗設計力であったり、セールス力であったりするわけです。大切なことは、それらの組織能力を持つことができれば必ず、その差異化された価値を提供できるという設計になっているかどうかです。

そして組織能力の1つひとつを発揮するには、社員はどのような活動ができないといけないのかを検討し、その活動ができる人材の要件を炙り出していきます。

このとき、現在の組織図にはない新たな部門や人材が必要だということに気付くことがあります。経営陣の頭がフル回転し始める瞬間です。

大切なポイントは、図19の左から1つ目の「戦略」の明確化と2つ目の活動システムマップを設計するという2つの検討作業が完了すれば、戦略人事のミッションである「経営戦略」を実現するために必要となる人材とは、どのような活動ができる人材なのかが既に炙り出されているということです。

3つ目の「人材要件を整理する」という作業では、この炙り出された活動ができる人材とはどのような人材なのか、その人材要件を言語化していけばよいのです。

②の、その要件に適合する人材を採用して育成して現場に供給し続けるという作業については次項で解説します。

■求める人材であることを予測できる高精度ツールを活用する

第1部で「特性活性化理論」が説明されています。選抜の実践シーンではこの理論がとても重要になってきます。

この理論の趣旨は、

◇人の特性は、100人いれば100通りの輝き方があって、特性そのものに優劣はない

◇しかし、会社が人を選抜しようとするときには、会社が求める考え方や価値観からなる行動を発揮してくれるかどうかという、「適合性」の確認が重要である

◇適合性が高い場合、その人の特性のまま頑張れば評価されやすい。つまり本人の特性が活性化しやすい

◇適合性が低い場合、その人の特性からの行動は評価されにくい。つまり本人の特性が活性化しづらい。ゆえに意識的に評価される行動を作らなければならず、これがストレスになり、行動の継続に支障をきたすことが多い

というものです。

特性活性化理論に基づき、一般的に優秀と言われる人材かどうかではなく、自社にとっての優秀人材への適合性を高い精度で見極めるためには、「自社が求める人材要件を設計・登録して、それに対する適合性を高精度に判定できるツール」を利用する必要があります。

個々の特性を測定するだけではなく、個々の特性が、その企業が求めている人材要件にどれほど適合しているのかを高精度に判定できるツールを利用しなければいけないということです。企業が求める人材要件は、前項で明確化できていますので、あとはその要件を登録すれば、個々の特性が活性化できるのか、つまりどれほど活躍できるのかが予測できる仕組みです。

特性活性化理論について、努力家で営業は苦手ではないけれども、それよりも、仲間を大切にし、人の心の痛みを肌感覚で察知できるほどの繊細さを強く持つA君を例にして補足します。

A君は、とある営業会社に就職し、営業成績もようやく高まって来つつあるときに、伸び悩んでいるB君と出会いました。A君は持ち前の人に対するやさしさから、なんとかB君を励まそうと考え、頻繁にB君の悩みを聞いてあげるようになりました。しかし営業部門の責任者から、「それはうちの営業部では間違った時間の使い方だ。そんな時間があるのなら、自分自身が1本でも多く売れるように時間を使いなさい」と叱られました。

これは、A君の特性とその会社の求めている人材要件との適合性が低いということです。

つまり、A君は、チームワーク思考、協調性、誠実さ、配慮などの特性が高く、人にやさしく仲間意識がとても高い人であったのですが、その特性は求められておらず、成果主義をベースに、挑戦性と競争性が強く求められる職務についてしまったということになります。

そのような組織であれば、A君の行動は、過度な仲間意識として否定されることになり、結果、A君の特性は活性化しづらい、つまり、その職務では活躍しづらいということになるわけです。もちろん、本人がマインドを高めたり、知識・スキル、経験を充足させる努力をすることにより、活躍できるようになるのですが、A君の特性からすると、A君が職場で目にするさまざまな現象は違和感を抱くことが多いために時間がかかるということです。

■自社における活躍可能性+CWBで見極める

自社が求める人材要件を整理し、その要件に対する適合性を判定することにより、自社における活躍可能性を見極めることの重要性を解説しました。

日本では、自社における活躍可能性の見極めもされていない企業が多いのですが、欧米では、自社における活躍可能性を見極めるだけでは足りないと言われる時代に入ってきています。それは、非生産的職務行動（CWB：Counter productive Work Behavior）も同時に確認しておくべきだという動きです。

CWBとは、要するに問題行動のことで、問題行動の予測も、活躍可能性の予測と併せてすることによって、より高い精度で求めている要件に適う人材を選抜することができるということです。

1人では優秀に活躍できる人材であっても、部下を与えると部下を追いつめて疲弊させてしまう人がいます。活躍する人材のなかにも問題行動を引き起こす人がいるわけですから、それも併せて確認すべきであるという考え方が、欧米では広がりつつあるということです。

ここでCWBの見極め方について解説します。まずCWBは、問題であると組織が決める行動ですので、A社では問題になる行動がB社では問題にならないということもあり得ます。どのような行動が問題になるのかという定義と尺度は、企業や組織によって異なるわけです。

そのため、現在レイル社がご相談を受けたときにどのように解決しているのかについて、その手順を解説します。

①どのような行動が問題行動なのかを、担当者へのインタビューにより定義する

②多くの場合、問題行動をとっている人が存在するので、問題行動の度合いも含めたリストを作成し、なぜそのような問題行動をとるのかを特性データから分析していく

③分析の結果、問題行動の予測モデルが設計できる場合には、その検証を経て予測モデルを納品する

さて、③で問題行動の予測モデルが設計できる場合は、特性データからその問題行動を説明することができるということになるのですが、予測モデルが設計できない場合、特性とは別の原因がある可能性があるということになります。

例えば、上司との人間関係が良くないためにマインドが大きく低下していたとか、必要となる知識・スキル、経験が大きく不足していたといった、組織側にも原因がある場合も考えられるのです。

さて、企業が、求めている要件に適う人材かどうかを高い精度で見極めるためには、活躍可能性の予測だけでなく、問題行動の予測も併せて行うことが大切であると解説してきました。

ここで本書のテーマであるダーク・パワーについて整理してみますと、ダーク・パワーは、ヒューマンコアに位置していて、まだ行動として発揮されているものではありません。最終的に、問題行動として発揮される可能性がありますが、活躍行動として発揮される可能性も十分にあるのです。しかもワーク・レディネスを整えることによって、活躍行動として発揮される可能性は大きく高まります。この点で、本項で解説している問題行動とは全く異なるものです。ダーク・パワーは、むしろ大きなポテンシャルであると見るべきであり、この強烈なパワーを経営に活かす手法を取り入れるべきであるという視点で見ていただきたいと思います。

■構造化＋複数面接官による合議制判断で面接精度を高める

選抜の最後の段階で行う面接についても、精度の高い面接の設計が重要です。その手法について解説します。

■構造化面接

これは、自社組織で活躍できる可能性を適切に最終確認するための質問項目を予め準備しておき、どの面接官が面接をしても同じ項目について同じ評価尺度で確認ができるようにする方法です。たまたま出身地が一緒だったとか、面接官と特性が似ていることから話が盛り上がり、何となくうちの会社に合いそうだと思い込んでしまうような偏りを避ける点で効果があります。

求める人材要件が整理できていれば、何を確認すべきかの質問項目の設計は、それほど難しいものではありません。

ただ、注意しなければいけないのは、杓子定規に項目を設計するだけではなく、人としての定性・主観的な判断も含めたほうが、実は精度高く人を見極められるという実践知があることです。例えば、ドアを開けて入ってくるときの会釈の仕方がとても素敵だったとか、事あるごとに頷くタイミングが微妙に早いとか、聞き手の感情状態を察知できずに話し過ぎるなどのような点についても、評価に含めるべきであるという考え方です。

■複数の面接官による合議制での判断

これは、1人の応募者に対して、1人の面接官が面接をするのではなく、例えば3人の面接官が同時に面接を行う方法です。そして3人の面接官が別々に判定をしてその平均をとるのではなく、3人の合議で判定をするのです。

例えば、1人がA判定だろうと言っても、他の面接官が、いやこんな発言があったのでB判定だろうと言えば、「なるほど、それは確かにそうだな」と気付くことができ、1人で面接を行うときに起こりがちな勘違いやバイアスが大きく削減できるのです。面接官が1人の場合、自身と似ている人をよしとする傾向が高いので、複数の面接官によって合議制で判定をすることは、その精度を高めるためにとても重要です。

■採用でダーク・パワーを見極めるタイミング

さて、これからの時代に向けた選抜の考え方と手法について解説をしてきましたが、この選抜プロセスのなかで、いつどのように本書のテーマであるダーク・パワーを見極めればよいのかについて解説します。

測定にはいろいろな手法があるのですが、質問紙法によってダーク・パワーを測定する場合であれば、被検者が、与えられた質問に回答することによって結果が得られます。もしその質問がCBT（Computer Based Testing）方式で提供されているならば、被検者の受検終了と同時に結果が得られることになります。

このように、比較的早く測定できることから、採用の場合であれば、面接をする前の時点で測定を終えておき、最強のダーク・パワーが確認された場合には、構造化面接などによって、活躍行動に向かいそうなのか、問題行動に向かいそうなのかを見極めるということになります。

もちろんワーク・レディネスのアセスメントも実施して、その状態を確認してもよいのですが、何度も複数のアセスメントを受検させる負荷を考えると、強以上のダーク・パワーの出現率が約25％、最強のダーク・パワーの出現率が約6％であることから、実践的には、最強のダーク・パワーが確認された場合には構造化面接で、そのパワーが活躍行動に向かいそうなのか、問題行動に向かいそうなのかを確認するという考え方で十分です。この確認の仕方は、第7章の「3 ワーク・レディネスの出現率」で解説した通り、優れたバランス感覚とワーク・レディネスは相関しているのですから、自身の行動を制御することができるような優れたバランス感覚が備わっているかどうかという視点で見ていくとよいでしょう。

さて、レイル社のマルコポーロを導入されている企業のなかに、業績が急拡大している社員数300名ほどのメーカー兼商社があるのですが、同社の社長は、強いダーク・パワーを持っているガッツ溢れる人材が大好きで、好んで採用をしています。もちろん、強いダーク・パワーを持っている人ならだれでもよいという意味ではありません。人材要件への適合性やワーク・レディネスも確認したうえで選抜をされています。

同社の社長がガッツ溢れる人材が大好きだと言われている背景には、同社が、「挑戦・革新性」と「成果主義・競争性」という企業風土を強く求めているということがあります。つまり、成し遂げることが難しい変革や革新であっても、あえて立ち向かっていくことが求められる企業であり、業績や成果の数値目標が明確で、達成・未達成による評価がきっちりと行われている企業であるということです。

第6章第2節のダーク・パワーの実践的定義のなかにある活躍行動の傾向をいま一度見ていただきたいと思います。

この活躍行動を発揮してくれる社員は、混沌として改革が進まない組織に風穴を開けてくれるパワーを持つ社員であり、同社の社長が強く求めている社員像なのです。この強烈なポテンシャルであるダーク・パワーを経営に活かそうとする企業が増えることを期待いたします。

おわりに

今、企業人事には科学的アプローチが浸透し、HR（Human Resource）データの高度活用に関する研究もテクノロジーもそれを利用する側の利用技術も全てが世界規模でめまぐるしく進化し続けています。そのようななか、本書は、ダーク・パワーにフォーカスし、そのパワーをポテンシャルとして活かすことをテーマとしています。

本来、HRデータを高度活用することが目指しているのは、人に○や×を付けることではなく、1人ひとりの輝き方を発見して、それを活かすことであると思います。

わが国の新卒者と生産年齢人口が減少していき、企業では、早期離職と滞留人材が増加し、次世代幹部候補者が減少しています。

このような背景のなかで、企業が活躍人材の選抜を考えるときに、ダーク・パワーを持つ人をただ避けるのではなく、そのポテンシャルを活かそうと考えてほしい。

第2部は、このような思いから、ダーク・パワーをどのように見極めて理解すべきなのか、ダーク・パワーを持つ人を輝かせるためにはどのような手法が効果的なのか、について実践的に語ることを目指しました。

本書の執筆に際し、お忙しいなか、実態調査にご協力いただきましたマルコポーロ導入企業の方々、そして提携パートナーの方々に、まずはお礼を申し上げます。

本書のタイトルは、日経ＢＰの網野一憲氏が方向付けをしてくださったことによって決まりました。網野氏にはその後も、無事出版ができるまで多大なるご支援をいただきました。

そして、この本が読者の皆様の元に届けられるまでにかかわってくださった全ての方に感謝申し上げます。

ありがとうございました。

２０２４年６月

須古 勝志

https://www.nikkei.com/article/DGXZQOUF126JT0S4A310C2000000/（閲覧日：2024年3月31日）.
121）総務省
https://www.soumu.go.jp/johotsusintokei/whitepaper/ja/r04/html/nd121110.html（閲覧日：2024年4月30日）.
122）ジョアン・マグレッタ（著）、櫻井祐子（訳）(2012)『マイケル・ポーターの競争戦略』早川書房.

mean-level change in personality traits across the life course: A meta-analysis of longitudinal studies. *Psychological Bulletin*, 132(1), 1-25.

108）「日本郵船 経験学習と適切なフィードバックが強いベテランの土台になる」月刊人材教育，2011年8月号.

109）Kolb. D. A. (1984). *Experiential learning: Experience as the source of learning and development.* Englewood Cliffs.

110）なお、恐れ知らずの支配性の構成概念の一貫性やサイコパシー傾向との関係性について、学術研究では現在も議論が続いています。

111）Blickle, G., & Schütte, N. (2017). Trait psychopathy, task performance, and counterproductive work behavior directed toward the organization. *Personality and Individual Differences*, 109, 225-231.

112）Babiak, P., & Hare, R. D. (2006). *Snakes in suits: When psychopaths go to work.* Regan Books/Harper Collins Publishers.

113）アマゾン
https://www.aboutamazon.jp/about-us/leadership-principles（閲覧日：2023年12月10日）.

114）経済産業省「社会人基礎力」.
https://www.meti.go.jp/policy/kisoryoku/（閲覧日：2023年12月10日）.

115）Hurst, C., Simon, L., Jung, Y., & Pirouz, D. (2019). Are “Bad” employees happier under Bad bosses? Differing effects of abusive supervision on low and high primary psychopathy employees. *Journal of Business Ethics*, 158(4), 1149-1164.

116）サイコパシー傾向の2因子構造として、世界的に広く知られているものです。

117）株式会社LIFULL
https://ir.lifull.com/sustainability/employee/hrd/（閲覧日：2023年12月12日）.

118）令和2年度 厚生労働省委託事業 職場のハラスメントに関する実態調査 報告書（概要版）.

119）須古勝志・田路和也（2020）『HRプロファイリング――本当の適性を見極める「人事の科学」』日本経済新聞出版.

120）日本経済新聞電子版（2024年3月31日）「2050年に2割減る新入社員、『金の卵』は入社後すぐ部長――1億人の未来図」

tive career success. *Social Psychological and Personality Science*, 7(2), 113-121.
99）O'Boyle, E. H., Jr., Forsyth, D. R., Banks, G. C., & McDaniel, M. A. (2012). A meta-analysis of the Dark Triad and work behavior: A social exchange perspective. *Journal of Applied Psychology*, 97(3), 557-579.
100）Vergauwe, J., Hofmans, J., Wille, B., Decuyper, M., & De Fruyt, F. (2021). Psychopathy and leadership effectiveness: Conceptualizing and testing three models of successful psychopathy. *The Leadership Quarterly*, 32(6), Article 101536.
101）サイコパシー傾向の因子構造として、これ以外にも2因子構造とする考え方も中心的ですが、その内容には概ね類似の方向性が見られます。
102）多面評価については、海外はもちろん、日本国内でも学術研究が見られます。日本国内のわかりやすい論文として例えば以下があります。
髙橋潔（2001）「多面評価法（360度フィードバック法）に関する多特性多評価者行列分析」経営行動科学, 14(2), 67-85.
103）アイリスオーヤマ株式会社
https://www.irisohyama.co.jp/company/sdgs/activity/human-resources/personnel-evaluation-system/（閲覧日：2023年12月8日）.
104）日本における既存研究で、ダーク・トライアドが高い人を「ダークな人」と呼称したものがあります。本書は私生活を含まず、ビジネス場面だけに特化した内容で構成されるため、「ダークな人」は呼称として広すぎることから、ダーク人材と呼称します。ただし、ここでの「ダーク」とは、本書が一貫して指している通り、ネガティブな意味だけを持つものではないことに留意してください。なお、ビジネス倫理を扱うジャーナルを含む国際的な研究誌では例えば「psychopathy employees」などの表現が用いられることがあり、そこでは職場での向社会的側面も併せて論じられています。本書がビジネス場面において「人材」という表現を付すことはそのような概念呼称や研究動向も考慮したものです。
105）Barrick, M. R., & Mount, M. K. (1991). The Big Five personality dimensions and job performance: A meta-analysis. *Personnel Psychology*, 44(1), 1-26.
106）例えば、Mount, M. K., & Barrick, M. R. (1995). The Big Five personality dimensions: Implications for research and practice in human resource management. In G. R. Ferris (Ed.) *Research in Personnel and Human Resources Management.* JAI Press Inc.
107）Roberts, B. W., Walton, K. E., & Viechtbauer, W. (2006). Patterns of

日）.
88）https://www3.nhk.or.jp/news/special/news_seminar/syukatsu/syukatsu10-95/（閲覧日：2023年12月4日）.
89）一例として以下の研究があります。
Elliot, A. J., & Thrash, T. M. (2001). Narcissism and motivation. *Psychological Inquiry*, 12(4), 216-219.
90）山口裕幸・髙橋潔・芳賀繁・竹村和久（2020）『経営とワークライフに生かそう！ 産業・組織心理学（改訂版）』有斐閣アルマ.
91）厚生労働省
https://www.mhlw.go.jp/file/06-Seisakujouhou-11800000-Shokugyounouryokukaihatsukyoku/careerhyosho2012goodpractice-05.pdf（閲覧日：2023年12月4日）.
92）人事院
https://www.jinji.go.jp/ichiran/ichiran_jinjihyouka.html（閲覧日：2023年12月4日）.
93）株式会社クラレ
https://www.kuraray.co.jp/csr/report2022/workplace（閲覧日：2023年12月4日）.
94）Peterson, S. J., Galvin, B. M., & Lange, D. (2012). CEO servant leadership: Exploring executive characteristics and firm performance. *Personnel Psychology*, 65(3), 565-596.
95）Cleckley, H. (1941). *The mask of sanity: An attempt to reinterpret the so-called psychopathic personality*. Mosby.
96）O'Boyle, E. H., Jr., Forsyth, D. R., Banks, G. C., & McDaniel, M. A. (2012). A meta-analysis of the Dark Triad and work behavior: A social exchange perspective. *Journal of Applied Psychology*, 97(3), 557-579.
97）例えば、Harpur, T. J., Hare, R. D., & Hakstian, A. R. (1989). Two-factor conceptualization of psychopathy: Construct validity and assessment implications. *Psychological Assessment: A Journal of Consulting and Clinical Psychology*, 1(1), 6-17.
98）例えば、サイコパシー傾向の高さが、低い給与、低いキャリアへの満足度、リーダーとしてのポジションに就かないことにつながることを示した以下の論文があります。
Spurk, D., Keller, A. C., & Hirschi, A. (2016). Do bad guys get ahead or fall behind? Relationships of the Dark Triad of personality with objective and subjec-

The leader ship is sinking: A temporal investigation of narcissistic leadership. *Journal of Personality*, 84(2), 237-247.

78）Nevicka, B., & Sedikides, C. (2021). Employee narcissism and promotability prospects. *Journal of Personality*, 89(4), 847-862.

79）厚生労働省「人材育成事例223 NECソリューションイノベータ株式会社 ー等級上の役割へのチャレンジと個人／組織力の強化」.

https://www.mhlw.go.jp/stf/seisakunitsuite/bunya/koyou_roudou/jinzaikaihatsu/training_employer/jinzaiikusei223.html（閲覧日：2023年12月3日）.

80）株式会社小松製作所

https://komatsu.disclosure.site/ja/themes/88

https://www.komatsu.jp/jp/ir/library/annual/pdf/kr20j_11.pdf（閲覧日：2023年12月3日）.

81）あくまでも出世を目指す場合です。出世については個々人によって多様な考え方があります。

82）もちろん、そのような組織との関わりを嫌悪する人もいますし、個人の自由が存在します。個人は組織が目指す姿を実現するのではなく、個人が目指す姿を仕事で実現するという選択もあり得ます。その是非は組織状況や個人の価値観に依存します。本書はいずれの立場のみを主張するものではありません。

83）Cui, Z., & Zhang, K. (2021). Dark Triad but a bright future? Socially malevolent personality traits and proactive career behavior. *Social Behavior and Personality: An international journal*, 49(11), e9736.

84）Wille, B., De Fruyt, F., & De Clercq, B. (2013). Expanding and reconceptualizing aberrant personality at work: Validity of five-factor model aberrant personality tendencies to predict career outcomes. *Personnel Psychology*, 66(1), 173-223.

85）Hirschi, A., & Jaensch, V. K. (2015). Narcissism and career success: Occupational self-efficacy and career engagement as mediators. *Personality and Individual Differences*, 77, 205-208.

86）職務満足感とキャリア満足感は同一の概念ではありませんが、ここでは考察として述べています。

87）楽天グループ株式会社

https://corp.rakuten.co.jp/careers/topics/corporate3/（閲覧日：2023年12月4

object relations perspective. *Human Relations*, 38(6), 583-601.

67）例えば、Rosenthal, S. A., & Pittinsky, T. L. (2006). Narcissistic leadership. *The Leadership Quarterly*, 17(6), 617-633.

68）Campbell, W. K., Hoffman, B. J., Campbell, S. M., & Marchisio, G. (2011). Narcissism in organizational contexts. *Human Resource Management Review*, 21(4), 268-284.

69）尾関美喜（2020）「変革型リーダーシップと自己愛傾向が集団規範継承志向性に及ぼす影響」産業・組織心理学研究, 34(1), 31-41.

70）O'Boyle, E. H., Jr., Forsyth, D. R., Banks, G. C., & McDaniel, M. A. (2012). A meta-analysis of the Dark Triad and work behavior: A social exchange perspective. *Journal of Applied Psychology*, 97(3), 557-579.

71）当然のことながら、相関は因果を保証しません。しかし、パーソナリティ特性と組織行動や職場のアウトカムの関係について、数多くの海外研究は、組織行動やアウトカムの原因として、パーソナリティ特性を布置するという構造に則っています。これは、行動の原因であるというパーソナリティ特性の一般的定義に符合するものです。そのため、相関であっても、原因としてのパーソナリティ特性と、結果としての組織行動やアウトカムを構造として論じる海外研究が極めて数多く存在します。本書の該当箇所の記述はそれを踏まえたものです。また、この理解を本書の他の部分でも用いています。なお、相関係数だけではなく影響関係を扱う統計技法が用いられた研究例も多数存在します。

72）Spurk, D., Keller, A. C., & Hirschi, A. (2016). Do bad guys get ahead or fall behind? Relationships of the Dark Triad of personality with objective and subjective career success. *Social Psychological and Personality Science*, 7(2), 113-121.

73）本書では、ナルシシズムの高い人のことを「ナルシシズム人材」と呼称します。本書はビジネス場面に限定しているため「人材」という表現を用いています。

74）日本経済新聞（2019年7月9日）「NEC、新卒に年収1000万円超　IT人材確保に危機感」.

75）株式会社ディー・エヌ・エー新卒採用募集要項
https://student.dena.com/recruit/（閲覧日：2023年12月2日）.

76）日経ビジネス（2019年7月12日）「NECは新卒1000万、NTTは1億円　研究者待遇、世界基準に」.

77）Ong, C. W., Roberts, R., Arthur, C. A., Woodman, T., & Akehurst, S. (2016).

研究だけではなく、欧米企業の人材採用実務でも参照される重要な研究として認識されています。

Schmidt, F. L., & Hunter, J. E. (1998). The validity and utility of selection methods in personnel psychology: Practical and theoretical implications of 85 years of research findings. *Psychological Bulletin*, 124(2), 262-274.

60）例えば、以下の文献にその動向が示されています。

Campbell, W. K., Hoffman, B. J., Campbell, S. M., & Marchisio, G. (2011). Narcissism in organizational contexts. *Human Resource Management Review*, 21(4), 268-284.

61）NPIについての有名な研究には、例えば以下があります。

Raskin, R. N., & Hall, C. S. (1979). A narcissistic personality inventory. *Psychological Reports*, 45(2), 590.

62）Raskin, R., & Terry, H. (1988). A principal-components analysis of the Narcissistic Personality Inventory and further evidence of its construct validity. *Journal of Personality and Social Psychology*, 54(5), 890-902.

なお、NPIの構成概念と因子構造には議論が残されています。

63）例えば、以下の研究によって、自分に対する尊大な見方をすること、他者を劣っていると信じ、他者からのフィードバックを遮断すること、他者よりも自分を中心に置くことなどがナルシシズムの特徴として報告されました。

Kernberg, O. F. (1989). An ego psychology object relations theory of the structure and treatment of pathologic narcissism: An overview. *Psychiatric Clinics of North America*, 12(3), 723-729.

Morf, C. C., & Rhodewalt, F. (2001). Unraveling the paradoxes of narcissism: A dynamic self-regulatory processing model. *Psychological Inquiry*, 12(4), 177-196.

64）Pincus, A. L., Ansell, E. B., Pimentel, C. A., Cain, N. M., Wright, A. G. C., & Levy, K. N. (2009). Initial construction and validation of the Pathological Narcissism Inventory. *Psychological Assessment*, 21(3), 365-379. などの一連のPNIの研究があります。

65）例えば、Jang, S. J., & Lee, H. (2022). Pathological narcissism, interpersonal cognitive distortions, and workplace bullying among nurses: A cross-sectional study. *Journal of Nursing Management*, 30(7), 3051-3059.

66）Kets de Vries, M. F., & Miller, D. (1985). Narcissism and leadership: An

49）O'Boyle, E. H., Jr., Forsyth, D. R., Banks, G. C., & McDaniel, M. A. (2012). A meta-analysis of the Dark Triad and work behavior: A social exchange perspective. *Journal of Applied Psychology*, 97(3), 557-579.

50）Zettler, I., & Solga, M. (2013). Not enough of a 'Dark' trait? Linking Machiavellianism to job performance. *European Journal of Personality*, 27(6), 545-554.

51）Smith, M. B., & Webster, B. D. (2017). A moderated mediation model of Machiavellianism, social undermining, political skill, and supervisor-rated job performance. *Personality and Individual Differences*, 104, 453-459.

52）これまでの多くの研究例では、マキャベリアニズムの高い人のことを「マキャベリアン」または「Machs」などと呼称しています。本書では、ビジネス場面に限定しているため、「マキャベリアニズム人材」と呼称しています。

53）プロアクティブ行動についての有名な研究例として以下があります。

Grant, A. M., & Ashford, S. J. (2008). The dynamics of proactivity at work. *Research in Organizational Behavior*, 28, 3-34.

54）例えば、Morrison, E. W. (1993). Newcomer information seeking: Exploring types, modes, sources, and outcomes. *The Academy of Management Journal*, 36(3), 557-589.

55）Prusik, M., & Szulawski, M. (2019). The relationship between the dark triad personality traits, motivation at work, and burnout among HR recruitment workers. *Frontiers in Psychology*, 10, Article 1290.

56）Cai, Z., Parker, S. K., Chen, Z., & Lam, W. (2019). How does the social context fuel the proactive fire? A multilevel review and theoretical synthesis. *Journal of Organizational Behavior*, 40(2), 209-230.

57）Cui, Z., & Zhang, K. (2021). Dark Triad but a bright future? Socially malevolent personality traits and proactive career behavior. *Social Behavior and Personality: An international journal*, 49(11), e9736.

58）例えば、以下の有名な国際的学術誌における論文でその認識が示されています。

Smith, M. B., & Webster, B. D. (2017). A moderated mediation model of Machiavellianism, social undermining, political skill, and supervisor-rated job performance. *Personality and Individual Differences*, 104, 453-459.

59）例えば、ジョブ・パフォーマンスを成果指標とした以下のメタ分析は、学術

36) Campbell, W. K., Reeder, G. D., Sedikides, C., & Elliot, A. J. (2000). Narcissism and comparative self-enhancement strategies. *Journal of Research in Personality*, 34(3), 329-347.
37) 今野浩一郎・佐藤博樹（2020）『マネジメント・テキスト 人事管理入門（第3版）』日本経済新聞出版.
38) 小学館『プログレッシブ英和中辞典第5版』.
39) 本書は、全体を通して、パーソナリティ障害や臨床場面、学校教育場面は想定せず、ビジネス場面に限定して、一般的な職場で働く人々を取り扱います。
40) ロビンス・P・スティーブン（著）、髙木晴夫（訳）（2009）『新版 組織行動のマネジメント―入門から実践へ』ダイヤモンド社.
41) Christie, R., & Geis, F. L. (1970). *Studies in machiavellianism.* Academic Press.
42) O'Boyle, E. H., Jr., Forsyth, D. R., Banks, G. C., & McDaniel, M. A. (2012). A meta-analysis of the Dark Triad and work behavior: A social exchange perspective. *Journal of Applied Psychology*, 97(3), 557-579.
43) Dahling, J. J., Whitaker, B. G., & Levy, P. E. (2009). The development and validation of a new Machiavellianism scale. *Journal of Management*, 35(2), 219-257.
44) O'Boyle, E. H., Jr., Forsyth, D. R., Banks, G. C., & McDaniel, M. A. (2012). A meta-analysis of the Dark Triad and work behavior: A social exchange perspective. *Journal of Applied Psychology*, 97(3), 557-579.
45) Deluga, R. J. (2001). American presidential Machiavellianism: Implications for charismatic leadership and rated performance. *The Leadership Quarterly*, 12(3), 339-363.
46) Spurk, D., Keller, A. C., & Hirschi, A. (2016). Do bad guys get ahead or fall behind? Relationships of the Dark Triad of personality with objective and subjective career success. *Social Psychological and Personality Science*, 7(2), 113-121.
47) 小林由佳・井上彰臣・津野香奈美・櫻谷あすか・大塚泰正・江口尚・渡辺和広（2021）「リーダーシップの理論と産業保健専門職のリーダーシップへの応用―文献レビュー」産業医学レビュー，33(3)，225-250.
48) 例えば、Jonason, P. K., Slomski, S., & Partyka, J. (2012). The Dark Triad at work: How toxic employees get their way. *Personality and Individual Differences*, 52(3), 449-453.

24）坂柳恒夫（2019）「高校生・大学生のキャリア成熟に関する研究―キャリアレディネス尺度短縮版（CRS-S）の信頼性と妥当性の検討」愛知教育大学研究報告，68（教育科学編），133-146.

25）近年のレビューでは、例えば、山田加奈子・竹下美惠子（2021）「キャリア成熟への影響要因に関する文献検討―看護職及び看護学生を対象として」教育医学，66(3)，220-229.

26）キャリア・アダプタビリティの4つの要素は、全ての国や文化で実証されるまでには至っておらず、特にわが国では、検討や工夫の余地がまだあると思われます。そのため、本書では簡便にまとめています。

27）Ackerman, P. L., & Heggestad, E. D. (1997). Intelligence, personality, and interests: Evidence for overlapping traits. *Psychological Bulletin*, 121(2), 219-245.

28）Tett, R. P., & Burnett, D. D. (2003). A personality trait-based interactionist model of job performance. *Journal of Applied Psychology*, 88(3), 500-517.

29）Harrell, W. A., & Hartnagel, T. (1976). The impact of Machiavellianism and the trustfulness of the victim on laboratory theft. *Sociometry*, 39(2), 157-165.

30）Rice, M. E., Harris, G. T., & Cormier, C. A. (1992). An evaluation of a maximum security therapeutic community for psychopaths and other mentally disordered offenders. *Law and Human Behavior*, 16(4), 399-412.

31）Spurk, D., Keller, A. C., & Hirschi, A. (2016). Do bad guys get ahead or fall behind? Relationships of the Dark Triad of personality with objective and subjective career success. *Social Psychological and Personality Science*, 7(2), 113-121.

32）Kessler, S. R., Bandelli, A. C., Spector, P. E., Borman, W. C., Nelson, C. E., & Penney, L. M. (2010). Re-examining Machiavelli: A three-dimensional model of Machiavellianism in the workplace. *Journal of Applied Social Psychology*, 40(8), 1868-1896.

33）Dahling, J. J., Whitaker, B. G., & Levy, P. E. (2009). The development and validation of a new Machiavellianism scale. *Journal of Management*, 35(2), 219-257.

34）Wille, B., De Fruyt, F., & De Clercq, B. (2013). Expanding and reconceptualizing aberrant personality at work: Validity of five-factor model aberrant personality tendencies to predict career outcomes. *Personnel Psychology*, 66(1), 173-223.

35）Elliot, A. J., & Thrash, T. M. (2001). Narcissism and motivation. *Psychological Inquiry*, 12(4), 216-219.

いて」2022年8月2日.
14）日野自動車株式会社「認証不正問題への対応について」2022年10月7日.
15）特別調査委員会「2023年6月26日調査報告書」.
https://www.bigmotor.co.jp/pdf/research-report.pdf（閲覧日：2023年8月6日）.
16）特別調査委員会「2022年8月1日調査報告書」.
https://www.hino.co.jp/corp/news/assets/063a78dce9f1df429a22083099bbc3af_1.pdf（閲覧日：2023年8月6日）.
17）特別調査委員会「2023年6月26日調査報告書」.
https://www.bigmotor.co.jp/pdf/research-report.pdf（閲覧日：2023年8月6日）.
18）レディネスの研究の歴史は長く、多様に展開されてきましたが、ここでは代表的な構成要素から成る、本書における定義を述べています。例えば、スーザン・D・フィリップ、デイビッド・L・ブルーシュタイン（著）、浦部ひとみ（訳）「第5章進路選択のレディネス―プランニング、探索、意思決定」．全米キャリア発達学会（著）（2013）『D・E・スーパーの生涯と理論―キャリアガイダンス・カウンセリングの世界的泰斗のすべて』図書文化社．が長年のレディネス研究の参考になります。
19）例えば、1980年代に報告された以下の研究では、キャリアの成熟を「知見の広い、年齢にふさわしいキャリア決定をするための個人のレディネス」と定義しています。
King, S., (1989). Sex differences in a causal model of career maturity. *Journal of Counseling and Development*, 68(2), 208-215.
20）渡辺三枝子（2007）『新版キャリアの心理学―キャリア支援への発達的アプローチ』ナカニシヤ出版.
21）Savickas, M. L. (2005). The theory and practice of career construction. In S. D. Brown & R. W. Lent (Eds.), *Career development and counseling: Putting theory and research to work*. (pp.42-70). John Wiley & Sons, Inc.
22）Savickas, M. L., & Porfeli, E. J. (2012). Career Adapt-Abilities Scale: Construction, reliability, and measurement equivalence across 13 countries. *Journal of Vocational Behavior*, 80(3), 661-673.
23）Savickas, M. L., & Porfeli, E. J. (2012). Career Adapt-Abilities Scale: Construction, reliability, and measurement equivalence across 13 countries. *Journal of Vocational Behavior*, 80(3), 661-673.

参考文献、注

1）本書では性格特性をパーソナリティ特性とも呼称します。性格は近年、パーソナリティと呼称されることが一般的であり、本書もその立場に則りますが、読者のわかりやすさを優先して性格と表現する箇所もあります。

2）Schmidt, F. L., & Hunter, J. E. (1998). The validity and utility of selection methods in personnel psychology: Practical and theoretical implications of 85 years of research findings. *Psychological Bulletin*, 124(2), 262-274.

3）安藤寿康（2014）『遺伝と環境の心理学―人間行動遺伝学入門』培風館.

4）本書では、理解のしやすさを考慮して、パーソナリティと性格を区別せずに用いています。

5）Clarke, S., & Robertson, I. T. (2005). A meta-analytic review of the Big Five personality factors and accident involvement in occupational and non-occupational settings. *Journal of Occupational and Organizational Psychology*, 78(3), 355-376.

6）安藤寿康（2014）『遺伝と環境の心理学―人間行動遺伝学入門』培風館.

7）Roberts, B. W., & DelVecchio, W. F. (2000). The rank-order consistency of personality traits from childhood to old age: A quantitative review of longitudinal studies. *Psychological Bulletin*, 126(1), 3-25.

8）ジェームズ・J・ヘックマン（著）、古草秀子（訳）（2015）『幼児教育の経済学』東洋経済新報社.

9）Rollag, K., Parise, S., & Cross, R. (2005). Getting new hires up to speed quickly. *MIT Sloan Management Review*, 46(2), 35-41.

10）株式会社メルカリ（2020）「すべての新入社員に素晴らしいオンボーディング体験を リモートオンボーディングを成功させる施策 #メルカリの日々」.
https://mercan.mercari.com/articles/25122/（閲覧日：2022年8月6日）.

11）朝日新聞デジタル（2022年10月20日）「そもそも解説 三菱電機の製品めぐる不正、どんな問題なの？」.

12）調査委員会「2022年10月20日調査報告（第4報・最終報告）要約版」.
https://www.mitsubishielectric.co.jp/news/2022/pdf/1020-b2.pdf（閲覧日：2023年8月6日）.

13）日野自動車株式会社「特別調査委員会による調査結果および今後の対応につ

【著者紹介】

鈴木 智之（すずき・ともゆき） 執筆担当：はじめに、第1部

名古屋大学大学院 経済学研究科 産業経営システム専攻 准教授。日本労務学会 理事。
慶應義塾大学総合政策学部卒業。東京工業大学大学院社会理工学研究科修了。博士（工学）・人間行動システム専攻。主な著書に『就職選抜論――人材を選ぶ・採る科学の最前線』（中央経済社、2022年。日本の人事部「HRアワード2022」書籍部門入賞。経営行動科学学会賞・優秀事例賞受賞）、『ワークプレイス・パーソナリティ論――人的資源管理の新視角と実証』（東京大学出版会、2023年。日本の人事部「HRアワード2023」書籍部門入賞）など。最新の研究動向は以下の研究室ウェブサイトを参照。https://suzukilabo.com/

須古 勝志（すこ・かつし） 執筆担当：第2部、おわりに

株式会社レイル 代表取締役社長
1992年レイルを創業。テスト理論、心理統計学に基づく特性検査や能力系テスト、各種検定試験の設計開発、CBT（Computer Based Testing）やe-Learningシステム開発に精通。
人と組織の「適合性」を確かな精度で数値化する特性検査ツール「MARCO POLO」設計者。HR（Human Resource）データの高度活用に関する人事コンサルティング先・関与先は多数。著書に『HRプロファイリング――本当の適性を見極める「人事の科学」』（共著、日本経済新聞出版、2020年）。

部下のポテンシャルに疑問を持ったら読む本
——高業績者が持つダーク・パワーの秘密

2024年6月25日　1版1刷

著　者　鈴木智之・須古勝志

発行者　中川ヒロミ

発　行　株式会社日経BP
日本経済新聞出版

発　売　株式会社日経BPマーケティング
〒105-8308　東京都港区虎ノ門4-3-12

装　幀
イラスト　夏来　怜

DTP　マーリンクレイン

印刷・製本　三松堂

ISBN978-4-296-11997-4